JN440387

돌아와요, 당신이니까

지은이 김병심
펴낸이 박경훈
펴낸곳 도서출판 각

초판 인쇄 2013년 11월 12일
초판 발행 2013년 11월 17일

도서출판 각
주소 (690-809) 제주특별자치도 제주시 삼도2동 108-16 2층
전화 064 · 725 · 4410
팩스 064 · 759 · 4410
등록번호 제80호
등록일 1999년 2월 3일

ISBN 978-89-6208-097-1 03810

값 15,000원

www.비바리풍

돌아와요, 당신이니까

김병심 산문집

당신이 제주도에 남겨놓은
여자가,
당신에게 못다 쓴 이야기

what a wonderful world 처녀, 순수의 바람*
당신은 얼마나 아름다운 세상인가!
처음 부는 바람 같은 당신,
당신이라는… 첫… 이름.

* www.비바리풍

목차

WWW.비바리풍 1

푼크툼의 공항

벽이 없는 사람은 버림받은 자이다. '벽癖'이란 글자는 질병과 치우침으로 이루어져 편벽된 병을 앓는다는 뜻이다. 벽은 편벽된 병을 의미하지만 고독하게 새로운 세계를 개척하고 전문적 기예를 익히는 자는 오직 벽을 가진 사람만이 가능하다… (중략) … 벌벌 떨고 게으름이나 피우면서 천하의 대사를 그르치는 위인들은 편벽된 병이 없음을 뻐긴다.

– 1785년 박제가의 〈백화보서〉 중에서

아무도 없는 공항을 상상하였습니다. 늦비행기를 타고 내린 넓은 공항로비에서 던킨도너츠와 커피라떼도 살 수 없는 밤이었습니다. 혼자 남겨진 공간에서 당신이 표를 끊기 위해 줄을 서던 y항공사 앞을 바라보았습니다. 사람들로 늘 북적여서 행여 당신을 놓칠세라 제 눈이 긴장하던 떠들썩이 사라진 밤이었습니다. 공항 밖에 길게 줄을 서던 택시행렬도 사라진 밤, 그때 문득 공포가 밀려왔었습니다. 당신이 사라진다면 이 모든 것도 사라져 혼자 공항에 남은 원귀처럼 살지도 모른다는 생각이 들었습니다. 제가 늘 혼잣말로 안부를 묻는, 신라시대 금관과 투구와 갑옷이 전시된 1층 로비를 기억하시겠지요? 우리가 놀던 모습이 그대로 담긴 〈토우가 붙은 항아리〉 또한 제가 공항에 이유 없이 서성이다 돌아오는 이유라는 걸 조용히 부끄럽지만 밝히겠습니다.

당신을 배웅만 하던 저는 이륙하는 비행기에 눈물을 만들어 점을 찍고 항공노선을 잇고 있었습니다. 당신은 제가 공항에 오는 걸 싫어했습니다. 이별의 이륙을 함께하고 싶지 않으셨지요. 아픔을 같은 자리에서 나누고 싶지 않으셨다는 것을 잘 알고 있었습니다. 부득불 공항의 사람들과 섞여서 짧은 시간 커피를 마시고, 탑승을 위해 들어가는 당신을 끝까지 바라보는 것을 저는 우겨왔습니다. 당신의 등을 오래오래 껴안고 우는 저는, 그대로 상처를 내보이시는 당신에게, 영원히 쉴 자리로 남고 싶어서였습니다. 생글거리는 얼굴만 보여주며 지친 가시가 돋은 당신의 등을 껴안는 이곳, 푼크툼의 공항에 활시위를 떠난 활촉들이 떠다닙니다. 남겨진 제 가슴을 다 뚫어놓을까 봐 벗어두고 가신 투구와 갑옷, 당신의 부장품을 입고 토우가 붙은 항아리를 들고 있는 저를 보세요. 천 년 전이나 지금이나 늙지 않고 웃고 있는 이곳은 발이 뜬 각시혼이 처녀의 몸으로 당신의 착륙을 기다리는 곳입니다.

강정효 사진

당신을 처음 마중 나가던 날, 흩어진 저의 미소와 생기가 모여서 이륙만 하던 항공노선을 죄다 수정할 수 있었습니다. 이별의 순간처럼 만남의 순간을 함께하는 날 또한 긴장하고 초조했습니다. 엇갈릴까 봐, 당신을 찾느라 제 눈은 고양이의 야광과 도깨불을 쓴 채 공항 로비를 밝혔을 겁니다.

이별과 만남이 사라진 공항은 상상할 수 없는 저의 무덤입니다. 당신을 보내고 한생이 지는 일요일 아침입니다. 우주의 중력이 이곳에 쏠린 탓인 듯 자꾸 눈물이 나는 아침을 게으르게 뒤척이지 못하고 있습니다. 바닷가의 등대까지 산책을 나가야 하겠습니다. 말 모양의 하얀 등대와 빨간 등대에 몰래 당신 이름을 새기는 장난을 쳐보고 싶습니다. 철없는 장난기는 나이를 불문하고 찾아옵니다. 편벽되이 기우는 사랑 앞에서는 아무도 막을 수 없습니다. 여기는 아직도 당신이 만들어낸 처녀바람이 불고 있습니다.

아직, 내 나이는 봄바람

당신이 만들어낸 봄바람으로 불고 있으니까요.

WWW.비바리퐁 2

당신이라는 꽃

남자가 웅크려 자고 있습니다. 새벽이면 쓴 커피 한잔을 들고 집을 짓는 공사현장으로 내달리던 그가 알람이 지치도록 울어도 기척을 하지 않습니다. 각방을 쓰던 저는 마루로 나가 알람을 끕니다. 마루에 자고 있던 아들 둘이 소리를 냅니다.

"저 알람은 도대체 누구 거예요!"

우리는 정직하고 규칙적인 생활비처럼, 새벽의 알람소리가 규칙적인 시간의 한 초침처럼 익숙해져버린 것입니다. 웅크려 자고 있는 남자가 석 달을 멈춰, 손을 사용하지 않습니다. 작년까지 과열된 건축경기로 단 하루도 쉬지 못했던 그에게 석 달은 휴식일 수 있을 텐데, 낯선 휴식이 두려울 겁니다.

낚시를 가면서 새벽의 규칙을 무너뜨리지 않던 그가 잡아온 벵어돔, 감성돔들이 냉동실에 쌓여있습니다. 남들에게 남자의 근황을 낚시의 화제로 돌리면 부러움과 감탄으로 남자는 으쓱해집니다. 하지만,

남자는 한 가정의 가장입니다. 여우 같은 아내가 새벽부터 일어나 밥상을 차릴까 봐 새벽밥이 싫다고 하며 몰래 쓴 커피 한잔을 들고 나가는 남자입니다. 아들 둘이 공부보다 자유롭게, 밖에서보다 집안에서 즐거운 개그맨이 되라고, 늘 혀로 털을 핥아주는 어미개처럼 끼고 돌던 남자입니다. 잔소리하는 엄마가 여행을 가면 온갖 군것질과 게임과 드라마로 집안이 난장판이 되게 지휘하는 남자입니다. 짠순이 엄마가 아이들의 기를 죽일까 봐 사탕통에 담배를 사다 남은 동전을 가득 채워놓았습니다. 글을 쓴답시고 제 방하나 성처럼 만들어 놓고 들어가버리는 엄마를 대신해 아들 둘을 품고 자며 아들 둘의 고추를 만져주는 남자입니다. 징그럽게 왜 그러냐고 핀잔을 줄 때는 몰랐습니다. 남자의 몸이 아닌 저는 남자의 몸을 몰랐습니다. 성장하는 아들 둘에게 아버지로서 성교육을 시키고, 잠자리에서 한없는 애정의 스킨십으로 아들 둘을 완성하고 있다는 것을요.

저는 여자의 결혼이 제 삶을 파괴하는 거라며, 세 남자에게 징징거렸습니다. 빨래며 설거지, 청소, 밥하는 것까지 왜 여자가 해야 하느냐며 징징거렸습니다. 나도 책 읽고 싶어, 나도 꽃의 향기를 맡고 싶어, 나도 꿈을 꾸고 싶다고 철퍼덕 앉아서 울었습니다. 그래서 세 남자는 일찍부터 '함께, 더불어 집안일' 에 익숙합니다.

피아노를 쳐주던 아들들이 사라져 슬프다고 다음 주문을 하고 있습니다. 그래서 마지못해 주말에 피아노를 쳐줍니다.

"나비야~나비야~이리 날아 오너라~."

우기고 받는 음악 선물이지만 입이 귀 근처까지 갔습니다.

급기야 아침마다 제가 화장을 할 때는 둘째가 시 2편을 낭송합니다. 엄마가 움직이지 않으면 지각을 하니 말입니다. 차비를 내야겠지요. 초등학교 4학년인 둘째가 교복을 입고 있는 형과 출근 준비를 하는 엄마, 웅크려 자고 있는 아빠를 위해 시를 읽고 있습니다. 다 챙기고 나면 웅크린 아빠의 볼에 뽀뽀를 하고 차를 탑니다. 초등학교와 중학교는 집에서 약간 멀어서 버스가 없습니다. 두 녀석을 하나하나 태워다줘야 하거든요. 차 안에서 큰애가 핸드폰만 만지작거려서 괜히 화가 났습니다.

"영어단어 10개쯤, 수학문제, 아니 책 몇 줄… 다 집어치우자."

차 안에서는 큰애가 시 3편을 읽습니다.

김병심 사진

김병심 사진

"천천히, 큰 목소리로~"

음악의 볼륨도 낮추고, 큰 애가 읽는 시를 드문드문 듣습니다. 동생이 읽어줬으니 형도 별수 없습니다. 형이 읽고 있는 시집은 '현대문학수상작 모음집' 일 겁니다. 이로써 사다 놓고 읽지 못했던 시집을 함께 읽게 되었습니다.

"엄마, 동시는 반복되고, 끝에 '~네, ~요' 로 끝나는 데, 이 시집은 마치 말을 하는 것 같기도 하고 이야기처럼 썼어요."

둘째가 젊은 시인의 시집을 읽고 평을 합니다.

"너도 그렇게 쓰면 돼. 하고 싶은 말을 글로, 어때 어렵지 않지?"

별스럽게 시를 읽는 아침이지만 위안을 줍니다. 다른 학생들에게만 글쓰기를 가르치던 제가 아이들과 함께 하는 자투리 시간입니다.

거북등처럼 무거운 가방을 메고 가는 교복 입은 아이들이 군집을 이루는 학교가 보입니다. 자전거를 타고 가는 아이, 추운데 교복만 입은 아이… 아침의 믿음이 생기는 듯합니다.

아, 새벽을 잃은 내 남자에게 시간의 믿음을 돌려주고 싶습니다.

가장들의 시간, 새벽. 학생들의 시간, 아침. 모두 함께 더불어 가는 시간, 한낮. 은자들의 시간, 황혼. 엄마들의 시간, 저녁. 그리고 보이지 않는 은혜로운 영감의 시간, 밤까지.

모두 제 시간을 갖게 하고 싶습니다. 하나가 믿음을 잃어버리면 모두가 힘이 듭니다.

웅크린 남자가 알람을 끄고 쓴 커피 한잔을 들고 문을 나설 때까지 우리는 지치지 않고 응원하며 시를 읽을 것입니다.

비에 젖은 벚나무에 꽃망울이 몇 터졌습니다. 사계절이 순리이듯, 시계의 초침이 분과 시간을 거느리듯, 남자의 슬하는 아직 바람과 통하는 소통이니까요.

조금만 더 숨을 쉬고 계십시오.

웅크린 당신의 등.

거북 등의 무게여,

곧이어 당신의 꽃이 피는 계절입니다.

P.S. www.비바리풍에는 봄비가 촉촉

연암골 매화꽃차

당신은 여기저기서 메말라 가면서 잠시도 제 곁에 앉아 있지 않습니다. 어떨 때는 제 감정은 안중에도 없는 듯 일과 사람들에게로만 온통 기울어 있어 외로운 제 눈과 맞출 때가 드물었습니다. 당신을 동생으로만, 그저 귀여운 어린 사람으로 생각했다면 그렇게 서운하지도 않았을 텐데. 남자로 느끼고, 저의 사랑으로 자리 잡았기에 외로움은 더 컸습니다. 투정부리며 저까지 당신에게 매달리면 당신은 물기 한 방울도 없이 증발해버릴까 봐 메마른 당신의 팔을 잡았다 슬며시 놓곤 했습니다.

가난한 당신의 집에 저를 데리고 갔을 때를 기억합니다. 처음 뵙는 홀어머니만 덩그러니 바람코지의 낮은 지붕 밑에 사는 시골집이었습니다. 너무 연세가 드셨지만 자글자글한 주름을 펴는 생글생글을 지닌 어머니에게는 상대방을 낙천적으로 만드는 마법이 미소에 감춰져 있었습니다. 왕성한 노동능력으로 응당 그러하듯이 제주

김경수 사진

의 할머니들은 초능력자들이십니다. 칠순을 넘기신 할머니인 당신의 홀어머니께서는 바다에서 물질을 하시고, 밭농사, 논농사까지 손수 하시고 계셨으니까요. 아마 초능력의 윗대가 아닐는지요. 고산평야라고 불리는 제주의 한경면에는 아직도 논을 갖고 쌀을 자식들에게 대는 옹골들이 있습니다. 덕분에 추석 차례상을 순순히 차린 적이 별로 없었으니까요. 하필, 태풍은 추석날 아침 식구들을 불러모아 쓰러진 벼를 잡게 하는 단합대회의 장을 만들었잖아요. 남편들을 논으로 내보내고는 며느리들과 아이들은 식어가는 계영국을 졸이고 졸이면서 타들어가는 차례상의 촛불처럼 부서질 것 같은 어머니의 집을 붙들고 있었습니다. 귀하고 지긋한 쌀을 물내 나도록 먹던 지난 호사가 가끔 그립습니다.

처음 저를 데리고 간 그때는 오월과 유월 사이였을 겁니다. 집보다 빌레밭이 먼저였습니다. 밭에 가서 홀어머니 곁에 앉아 감자를 캤지요. 잘 보이고 싶은 마음에 열심히 감자를 캤습니다. 한 달

내내 일요일마다 캤으니 밤마다 천장에 검은 흙과 노란 감자만 둥둥 떠다닌 것도 무리가 아니었겠지요. 또 잊을 수 없는 것은 누런 콩을 수확하는 동안 비료를 뿌리는 경험이었습니다. 경운기 위에 비료를 쌓아놓고 당신이 운전을 하는 동안 저는 포대를 잡고 비료를 밭에 이리저리 흩어놓는 것이었습니다. 어머니는 저쪽 귀퉁에서 엉덩이로 길을 내며 콩을 수확하고 계셨습니다. 경운기를 운전하던 당신이 멈추었습니다. 비료포대의 무게를 이기지 못하는 제가 안쓰러워 뒤칸으로 오셨습니다. 대신 운전하는 법을 가르쳐주셨지요. 최초로 경운기를 운전해본 날이었습니다. 그날 이후, 당신은 절대로 농사는 짓지 않겠다고 하셨습니다. 어머니가 홀로 땅의 살갗을 입은 채 끝없는 농사로 늙어가는 애처로움을 제게 남겨주기 싫었던 것을 알고 있었습니다. 말없는 그때의 전율이 당신을 어린 동생이 아닌 커다란 제 남자로 만들었단 고백을 곁들이면서 알고 있었습니다. 당신은 계란 배달을 하는 아르바이트와 학과 공부로 그때도 메말랐지요. 늘 선물로 계란 한 판을 주었던 연애시절을 동네 할머니들이 얘기합니다. 그 많은 계란을 어떻게 제가 다 먹었겠어요. 대신 동네 할머니들이 즐겁게 계란차만 기다렸지요.

어머님 집과 가까운 마을에 연암이 살고 있습니다. 그의 집 마당에는 귤나무, 수선화, 동백나무, 천리향, 벚나무, 국화, 흑죽 등이 나름 의미를 둔 채 여기저기 이름표를 달고 있습니다. 그는 당신과 닮아 늘 바쁘고, 넘치는 사람들로 정신없이 메말라 있습니다. 그를

김경수 사진

만날 때마다 당신이 못 견디게 그립고, 피시식 풋풋한 웃음이 나옵니다. 실없이 웃고, 스스럼없이 집안일을 거드는 저를 처음엔 불편해하고, 오해도 좀 했을 겁니다. 하지만, 오해를 견딘 시간이 지나 우리는 서로의 사람과 서로의 아이들을 이해하고, 돌아가 자기 자신을 더욱 사랑하게 되었습니다. 너무 유사한 집안 이야기의 소통이었으니까요. 연암이 얼마나 가족을 사랑하고, 아이와 부인에 대한 애정이 남다른지 알게 되었습니다. 홀로 서기가 잘 된 사람은 언제나 가정을 지키고, 자신을 지키면서 타인에게 에너지를 줍니다. 당신을 알게 되었습니다. 당신도 그처럼, 집에서처럼, 밖에 가서도 감추지 못하고 팔불출처럼 자랑하고 계신가요?

연암의 마당에 매화가 꽃망울을 팝콘처럼 피워댔습니다. 꽃봉오리일 때 따서 말린 다음, 두 송이쯤 다기에 넣고 마시는 법을 가르쳐주었습니다. 많은 꽃송이는 가슴을 아리게 한다는군요. 은유적 말투라곤 전혀 없는 당신네 연암들에게서 작업용이 아닌 날것의 은유가 한 번씩 뱉어질 때마다 진주를 발견한 것처럼 제 눈은 반짝입니다.

아리다는 맛, 연암골 매화꽃차에서 배웠습니다. 매실차와 혼동을 일으키는 저는 매화차보다 매화꽃차라고 발음하는 걸 좋아합니다. 길더라도 좀 더 음미하는 코끝의 명명이라고 용서해주십시오.

아리다는 맛, 손발이 바쁘고 메마르지만, 강단 있는 정신과 메마르지 않는 사랑으로 거북 무덤 속에서도 가족에게 현기증 나도록 든든한 배후가 될 수 있겠다는 믿음을 주는 남자라는 맛입니다.

아리다는 말의 질감은 뾰족하지만 넓게 번지는 외로움이 물둥지에 고인 것처럼 제 감정의 결에 스밉니다. 연암골의 바람 또한 늘 서늘하고 임신선이 생겼던 몸을 기억하게 합니다. 아이를 밴 어미였던 몸을 훑고 불어 정화시켜주는 연암의 마당에 앉아 있는 시간을 좋아하게 되었습니다. 연암은 마치 제게 힐링의 타임을 선물로 주고 싶었던 것처럼, 빈집의 뜰을 살펴줄 것을 당부합니다. 진작, 나의 당신에게 들었다면 덜 외로웠을 얘기들을 연암의 입술에 묻은 매화꽃 향에서 읽었습니다. 다행하게도, 만개해서 떨어지지 않을 만큼의 간격에서, 당신이라는 이름은 정말….

매화꽃이 만개하여 떨어지기 전에 서둘러 꽃봉오리를 땄습니다. 연암의 작업실 창가 앞의 능수매화는 이미 그가 물을 주며 아끼는 걸 알기에 가만 흩어져 날리는 꽃송이 밑에 서서 향기만 맡았습니다. 대신 시를 받아 적었습니다. 다른 한 그루를 남겨둔 그가 고마워 파르르 떠는 꽃잎들에게 속삭이며 또각또각 땄습니다.

"얘들아, 내가 지켜줄게. 내가 너희를 기억하며 시로 환생시켜줄게."

연암의 가족도 제 가족처럼 우리의 편애하는 가족애를 알 것입니다. 그런 것은 세월과 색깔과 거짓 속에서도 단단한 아린 맛의 역능일 테니까요.

연암골 매화꽃차를 일요일마다 글쓰기를 배우러 오는 사춘기 소녀들과 마십니다. 저들과 닮은 차를 마시는 소녀들에게 연암의 〈열하일기〉의 신세계를 풋풋한 사춘기의 결에 심어주고 싶습니다. 여기저기서 메말라 가는 저 여린 소녀들이 아린 맛으로 붙들고 있을 애착하는 세상은 단단해질 것입니다. 만개하여 떨어지기 전에 저 여린 꽃봉오리들에게 사랑의 편벽을 가르치는 중입니다. 이것은 연암골만이 갖는 매화꽃차의 효능입니다.

주인도아직모르고있어제게펴준매화꽃차의탑시크릿,쉿!

여보세요, 연암.

여기는 WWW.비바리풍에 잘 말린 매화꽃차 마시는

힐링의 판타지 타임입니다.

Thank you.

WWW.비바리풍 4

꽃감기

1.

시 쓰는 동인 모임을 갔던 밤입니다. 시는 작고 크다가 짧아진 긴 여운입니다. 암호를 풀다 혼나기도 하고, 쌩뚱맞은 오독에 푸하하 웃습니다. 별거 아닌 문제를 끙끙대며 푸는 걸 좋아하는 밤들이 겹겹으로 까맣습니다.

당신이 시를 읽어주던 날들이 잊혀집니다. 당신의 모습이 잊혀져갑니다. 입술을 털어내던 귀의 감촉이 잊혀졌습니다. 어떡해야 할지, 서두릅니다. 그리움이란 말이 먼 나라처럼 감동이 닳아집니다. 보고 싶다는 말이 흔한 말처럼 들립니다. 사랑이란 두 글자가 빗금 친 답지 같습니다. 눈물이란 말이 당신과 저 사이에 어울리지 않는 예복 같습니다. 기약이란 말은 더더욱 다른 사람들에게만 적용되는 행운당첨권 같습니다.

당신이란 사람, 제게 없던 언어였을까요?

당신에게 저는 아직도 유효한가요?

이렇게 투정이라도 부리고, 흔들고 싶은 귀갓길이었습니다. 당신과 걸었던 바닷가를 지나왔으니까요. 당신이 한밤을 건너 커피를 사주던 편의점 불빛이 따라왔으니까요. 당신과 잠들던 집이 아직 그 자리에 있었거든요. 단지, 당신은 아무 곳에도 없었습니다.

한몸이던 두 개의 머리와 네 개였던 팔이 이제는 돌아갈 수 없는 먼 시원 같아, 머릿속이 하얗게 비어갑니다. 유령처럼 붙어 있던 당신이 기억하는 저는 죽었으니까요. 우리는 서로 알아보지 못하는 걸까요?

물음표만 가득한 하늘은 캄캄한 답안지만 내밀고 있습니다. 앞이 이제는 보이지 않는 까닭에, 다 잊어버린 까닭에, 저는 제가 누구였는지 잊었습니다. 다시 살고 싶어질 테죠. 죽고 죽다 보면 살고 싶다는 말, 당신과 살고 싶다는 말로 흔해진다면.

어영 지나 몰레물 지나 사수동 지나면 도두입니다.

김병심 사진

묶인 고무줄이 다시 돌아가는 길이 먼 나라 같습니다.

2.

당신에게 편지를 쓰는 날들이 일 년을 지나 일기장의 끝자락까지 당도하고 있습니다. 답장은 애초부터 없는 것이니까 서러울 것도 없습니다. 가끔 앞 장 사이를 산책하다 보면 물갈퀴를 달던 물고기였던 제가 여우가 되고 외계인이 되기도 하던 모습의 변화가 새겨진 암각화를 볼 수 있습니다. 당신을 만나면서 저는 왜 이렇게 여러 모습으로 살 수 있었을까요. 백색왜성에 갇힌 날에는 입에서 물방울만 뱉으며 심장을 쥐어짜고 있었군요.

김병심 사진

빈혈약을 복용하거나 안약과 알레르기 약을 먹으며 꽃가루 사이를 누비는 나비의 계절입니다. 꿈속에서 당신이 있는 곳까지 날아갔다가 돌아오는 새벽은 왼쪽 가슴께의 통증으로 심장을 잠시 꺼내놓고 싶어집니다.

괴롭지만 만져지지 않는 당신이 40년 지나도록 먼 곳에 있기를 간청했습니다. 함께 있으면 저의 불에 당신까지 타버릴 것입니다. 아직 당신과 저는 춤을 춰도 좋을 나이거든요. 꽃으로 피어도 손색없는 진화의 나이입니다. 차라리 가슴통증으로 앓다가 몸에 물기가 다 빠져나가면 한 마리 나비의 박제로 당신의 가슴에 박혀버렸으면 좋겠습니다. 아니, 언제가 함께 인체사진전에서 보았던 엉덩이뼈 모양으로 당신의 몸이 될 수 있다면 좋겠습니다.

늑대였던 당신은 두 다리를 제게 남기고 대신 제 목소리를 달고 가셨습니다. 지느러미 대신 늑대의 두 다리로 걷는 이 세계는 부력으로 앓고, 현기증으로 출렁입니다. 꽃가루는 전생의 아가미를 깨웁니다.

노래를 부르는 당신, 어디쯤에서 어떤 모습으로 낯설어지고 있을까요. 봄비가 입속에 물방울을 집어넣은 간밤입니다. 빗소리를 듣고 깨어난 이부자리가 흠뻑 젖어 있습니다.

다녀가셨군요.

지느러미가 그립습니다.

3.

봄을 정신없이 앓아서 아이를 태워다주는 동안 엄마는 웁니다.
노래는 같은 자리에서 반복하고 꽃은 피고 터지고
당신처럼 아이는 우는 엄마 등에서 시를 읊조립니다.
저기 중학교 정문까지 끌고 가는 아침마다
대신 사춘기를 앓고 있는 엄마와
알 수 없는 세계를 건너는 아이

아직도 어려서 미안해, 아이야

이곳에는 벚꽃이 피었습니다.
왈칵 울음이 터졌습니다.
잊혀진 이름 하나가 꽃감기로 훌쩍이다 떨어집니다.

P.S. WWW.비바리풍으로 떨어지던 이름 ,

올해도 오래 앓고 싶습니다. 잊혀지지 마십시오.

WWW.비바리퐁 5

봄밤

혼자서 나를 꽃피우며 늙어가도 좋을 밤입니다. 원령공주 ost를 들으며 봄바람에 쿨럭이며 떨어지는 목련의 낯낯을 생각합니다. 쉽게 하얀 얼굴을 떨어뜨리는 나무의 기력이 부럽습니다.

변검의 얼굴을 모두 지닌 제 얼굴은 화장을 지워도 본색이 드러나지 않습니다. 제 얼굴을 어떻게 간직하고 계신가요?

거울을 자주 들여다보지 못하는 분주함에 세수도 잊을 때가 있습니다. 제 몸에 게으른 거예요. 제 몸을 보여줄 수 없어 게으른 겁니다. 대신 온갖 분주함으로 당신에게 집착하는 저를 이 생에서 지탱하고 있습니다. 당신이 곁에 있을 때는 머리부터 발끝까지 신경이 쓰여 거울을 달고 살았습니다. 지금은 들여다보기도 싫은 거울을요.

당신 눈동자 속의 제가 까마득합니다. 당신 앞에서 피어나던 저는 혼자 봄을 맞습니다. 술 한잔을 하고 싶어지는 밤입니다. 몸은 물이 오르듯 밤을 이기지 못합니다. 아무도 몰래 당신이 사는 곳까지 가고 싶어집니다. 창문의 창살 틈으로 몇몇 이야기와 몇 컷의 얼

김병심 사진

굴을 교환하고 싶어집니다.

쿨럭이던 당신이 하얀 손으로 제 얼굴을 쓸어주면 혼자 피어도 견딜 수 있을 것만 같습니다. 핏물이 번지는 당신의 바이러스를 제가 다 마셔버리고 싶습니다. 격리된 창살의 봄밤이 서럽습니다.

비행기 소리가 크게 들립니다. 저를 싣고 가려는 듯 당신의 별은 이륙만 있고 착륙은 허용하지 않는, 공항도 이미 닫혀버린 곳입니다. 언제나 원령처럼 공중을 떠돌다 돌아오는 발이 시렵습니다.

나무의 기력으로 제 얼굴을 떨어뜨려 주십시오. 저의 사랑에 겨워 피어나던 꽃 같은 얼굴만 달고, 나머지는 다 떨구고 그렇게 커져가십시오. 새가 되어 원령공주의 ost를 부르는 메라 요시카즈처럼 노랫소리 들리는 창밖을 한 번씩만 내다봐주신다면 좋겠습니다.

바다 건넌 이곳, 홀로 늙어가도 좋을 꽃밤이 오겠지요. 소리쳐 우는 제주바다가 꽃자리를 내어주겠지요. 당신의 눈동자 속에 둥둥 떠가는 꽃으로 피어나도 좋겠습니다.

재가 된 옷고름들이 꽃으로 피는 봄밤,

날선 회 한 점에 사케를 마셔야겠습니다.

WWW.비바리풍 6

한밤에 울다, 365일을

1.

사람이 마지막 배뇨를 하고 죽는 자리가 어딜까요.

대부분의 이들이 전기장판 위에서 생을 마감한다고 합니다.

배뇨를 치우게 하는 추레함을 자식에게 보이면서요.

처음 태어날 때 어미의 배 위에 배뇨를 하던 자식에게 들키고 싶지 않은 모습을 말이지요.

차라리 태담을 나누던 양수에 배뇨를 하고 태어난 이처럼,

쥐똥처럼 말린 배뇨를 위해 몸의 바다를 말리는 게 낫겠습니다.

저는 당신께 마지막 모습까지 정갈했으면 좋겠습니다.

마지막 울리는 초인종은
또 한번 외롭게 남겨둔 당신께 보낸 편지 한 장일 테니까요.

365일의 마지막 소식은 처음 만나던 날처럼 분홍 원피스를 입은 채로 배달되었으면 좋겠습니다.

벚꽃 핀 한밤에 울어주신다면 당신께로 산죽은자의 거처를 옮기고 싶습니다.

2.

꽃도 밝은 몇 날은 참 힘들게 앓겠습니다.
당신은 제게 애써 웃지 말라고
여러 사람 앞에서 환한 꽃이 되지 말라고 하셨습니다.
꽃그늘이 걱정되신다고
다들 제집을 찾아 돌아가면
저 혼자 쓸쓸해질 꽃이 안쓰러워
저를 꼬옥 품에 넣고 다녔습니다.
당신 없이도 봄꽃이 피는 밤,
울음이 먼저 터지는 꽃이

김병심 사진

왈칵의 그늘이라는 걸 알았습니다.
당신이 있어 꽃으로 피던 전생이
당신이 없어 꽃으로 지는 현생으로
번지는 왈칵,
당신의 그늘이 짙습니다.

P.S. 봄비가 왔어요. 제법 길게 내리는 한밤입니다.

WWW.비바리퐁 7

2인 3각

당신은 저를 만나기 전부터 사랑하는 사람이 있었습니다.

당신이 고백하지 않아도 직감으로 알 수 있는 것은, 사랑을 느끼는 데 함께 반응하는 이질감이 동반되는 까닭입니다. 당신의 사람과 오랫동안 이어온 관계라는 것도 알 수 있었습니다. 저는 이제야 시작하는데 말이지요. 당신에게 겹쳐있는 그 사람의 향기에, 당신의 이중적 모습에 화가 났지만 어찌할 수 없었습니다. 그가 먼저 당신의 사람이었으니까 말이죠. 하지만 저를 그리워해주지 않으셨나요? 저를 만나러 기꺼이 오지 않으셨나요? 악을 쓰면서라도 당신을 그 사람에게 떼어내어 저의 사람으로만 만들고 싶어져서 눈이 움푹 꺼져갔습니다.

물론, 당신을 잊으려고 핸드폰에 저장된 당신의 연락처를 지워도 봤지만…. 당신의 전화도 문자도 받지 않으려고 애썼습니다. 그런 날은 꿈속까지 찾아온 당신의 목소리에 잠을 잃고 맙니다. 제가

강정효 사진

더 사랑하고, 얼이 빠진 외눈박이가 되어 있다는 사실만 확인한 셈이니까요.

당신은 제게 말하곤 합니다. 그 사람과의 취미, 그 사람과의 술버릇, 그 사람과의 어투, 심지어 그 사람과의 잠버릇까지….

웃고 있지만 우는 날이 많아진 저는 그냥 듣습니다. 이미 그 사람의 몽타주에 익숙해져버린 지금, 오히려 당신의 그 사람이 부럽습니다. 8년이나 되었지만, 저는 고작 이제 며칠, 몇 달…앞으로 몇 년…이겠습니다. 편애하는 애착만 늘어갈수록 당신을 잃고 싶지 않은 저는 이미 눈에 뵈는 게 없습니다. 당신만이, 어쩌다 마주친 외눈에 갇힌 당신만이 있으니까요.

당신과 저는 그 사람과 한자리에서 만나지는 못했지만, 당신은 두 사람을 번갈아 만나는 것을 게을리하지 않습니다. 한쪽만을 선택하지도 않습니다.

당신의 그 사람은 한밤에 전화를 걸어와 웁니다. 저와 함께 있는 밤에도 종종 당신의 거처를 확인하는 전화가 옵니다. 둘러대는 당신, 그 사람과 있을 때도 그런가요? 저는 한 번도 당신 앞에서 울지 못했는데, 저는 한 번도 한밤중에 당신에게 전화를 걸어보는 용기도 없이 살았는데….

당신의 그 사람이 참 부럽습니다.

당신이 그 사람을 만나고 오는 날에는 당신에게서 겐조향이 납니다. 당신의 그 사람은 저를 무슨 향으로 기억하고 있을 까요. 당신은 모르시겠지만 그 사람과 저는 알고 있는 겁니다. 우리의 향기를요. 그것은 사랑을 잃을까 봐 두려워하는 자들에게만 생기는 특별한 후각입니다.

우리의 2인 3각 달리기는 언제까지 계속될까요?

당신의 그 사람이 이제 결혼을 합니다.
당신이 아프지 않았으면 좋겠습니다.
그 사람의 신부 또한 아프지 않았으면 좋겠습니다.
신부는 후각을 상실한 반편이였으면 좋겠습니다.

당신과 그 사람은 어찌할 수 없는 남자들이니까요.

아, 오늘 들녘이 온통 겐조향입니다.

웃고 있는 두 사람이 봄 맞으러 갔나 봅니다.

WWW.비바리퐁 8

약속

1.

몸의 뼈들이 달그락거립니다. 몸살의 징후가 몰려올 때면 아침의 뼈들이 서로 늑장 부리느라 마디를 부딪혀 소리를 냅니다. 몇 번이나 몸을 일으켜보려 하지만 재빠르게 욱신거리는 고통으로 밀치는 몸이 바닥에 붙어 꼼짝도 하지 않습니다.

책을 몇 줄도 못 읽었는데, 새벽부터 찾아와 두드리던 영감도 못 받아쓰는데 어쩌지요. 그보다 하루의 스케줄이 엉망이 되어버릴 테죠. 아이들의 밥, 아이들의 등교준비, 아이들을 학교까지 태워다 줘야 하는데….

몸이 말을 걸어옵니다. 잠시 쉬어달라고, 바쁘지 말아달라고 부탁합니다. 온종일 누워서 몸의 허물을 벗어달라고 말을 합니다. 다시 생기 있게 몸을 살려내라고 말합니다. 먼저 자신을 챙겨달라는 신호입니다. 자신보다 가족을 위해, 남을 위해 몸과 시간과 많은 것을 나눠줘야 하는 내 나이가 벌써 이렇게 지쳐버리면 곤란합니다.

제가 유일하게 쉬는 날은 당신과 있는 날입니다. 당신이 먼 곳에서 찾아오는 날이면 저는 그 전까지 일을 왕창 몰아서 해치우고는 당신과 며칠을 꼼짝없이 누워 지냅니다. 방에서 꼼짝도 않고 책을 읽어주거나, 안 보던 TV를 함께 보거나, 당신의 냄새를 맡는 걸 좋아합니다. 게으르게 아무것도 아무 소리도 아무도 만나지 않고 나면 에너지가 못 견디겠다는 듯 충전이 되어 많은 일처리에 유감없이 뛰어들 수 있습니다. 콧노래를 잊지 않고 말이죠.

당신을 부를 수 없는 지금, 내 몸이 말을 걸어옵니다.

'어서 말을 해. 돌아오라고. 어서 말을 해. 꼭 돌아와 달라고.'

나이를 먹는다는 표현으로 대책 없이 저의 몸에게 처방을 내리며 부추깁니다.

'그는 아직 돌아와선 안 돼. 그는 돌아올 수 없어. 중요한 허물벗기를 하고 있거든. 나를 데려갈 수 있게 허물을 벗고….'

당신에게 몸의 말을 전해선 안 될 일이지요.

아직 돌아와선 안 될 일이지요.
그것은 우리 사이의 약속일 테니까요.
좀 더 버티고 나면 괜찮아지겠지요.

냉장고 구석에 밀쳐둔 아무 약이나 모아서 입안에 털어놓아야 겠습니다. 약에라도 취한 몸을 이끌고 방에서 부엌으로 거리로 나가야겠습니다. 허랑한 하루가 되어도 당신을 아직 부르지 않겠습니다. 혹시 당신을 부르는 목소리가 들려도 모른척해 주십시오. 지나가는 바람인가 해주십시오. 지나가는 새소리인가, 떨어지는 꽃잎인가, 잠시만 돌아보다 그대로 떠나십시오. 길을 잃지 마시길….

우리는 아직 서둘러 만나기에는 해야 할 일과 지켜야 할 약속이 남아있으니까요.

반지의 약속 같은 징후가 우리를 아직까지 살려두고 있으니까요.

당신의 그곳은 아직 춥습니다. 당신도 그곳에서 앓고 있군요. 제가 몸살로 눕는 날은 당신 또한 감전되는 날이란 걸 모른 척하겠습니다.

너무 늦게는 돌아오지 마십시오. 견디고 있겠으니, 너무 늦게 오지는 말아주십시오.

김병심 사진

꽃등이 환한 봄날은 짧은 법이니, 부디….

2.

제 몸이 나가인 게 싫습니다.
비늘을 간직한 다리
추위를 못 참는
그래서 난로와 전기장판을 늘 달고 삽니다.
두꺼운 이불에 둘둘 말린 밤
바람을 피해 머플러와 긴소매를 두른 열기의 한낮
노래방에서도 콧물 때문에
극장에서는 재채기 때문에
꽃다발에서 나는 꽃가루 때문에
당신 곁에 갈 수 없습니다.

차가운 손발이
차가운 심장이
매서운 눈빛이
독을 뿜는 혀가

당신을 멀리 있게 한 건가요?
언제면 뜨거운 피가 흐를까요?
제게도 따뜻하단 말이 올까요?

눈물만 따뜻한 게 싫습니다.
사람의 심장과
사람의 손바닥으로 당신을 한번만이라도
만져볼 수 있다면
평생 나가로 사는 죗값
당신을 사랑해서 받는 벌을 받고 살아도 좋습니다.

당신의 따뜻한 품이 필요한 날, 저는 곧
얼음가루로 부서질 직전입니다.
보고 싶습니다.

바다 위에 떠가는 꽃잎 문양을 지문으로 달아보고 싶습니다

보…고…시…ㅍ…ㅍ…ㅍ…

WWW.비바리풍 9

식물의 자궁

꽃을 식물의 자궁이라 부르시며 살짝 붉어진 당신을 좋아합니다.

지적이고 퇴폐적인 삼십대 초반의 당신.

저는 더 이상 출산을 꿈꿀 수 없는 자궁을 들어낸 삼십대 말기의 여자인데도 당신을 좋아합니다.

그래도 좋아합니다.

열심히 사랑하고 싶어서 웃는 연습을 하던 저에게

'우리 사이엔 미래가 없어요.'

당신이 내게 남긴 말입니다. 거지같이 당신만 바라보던 제 마음에 눈물의 샘이 생겼던 말입니다. 소심한 저의 가슴 주위에 퍼렇게 멍 자국이 생겼습니다.

그렇습니다. 돌아온 처녀인 저는 아이가 둘이나 있습니다. 전 남편의 아이들을 위자료로 받고 이렇게 살고 있습니다. 제가 낳지는 않았지만, 한 번도 제 아이들이 아니라고 생각한 적이 없었습니다. 당신을 만나면서도 제 아이들의 밥과 제 아이들의 학원시간을 체크합니다.

그래서 또 하나의 바보인 당신을 제 남자가 아니라고 생각한 적이 없었습니다. 당신과 일찍 저버린 저는 아이들이 학교로 가버린 아침에 만나 장미모텔로 갑니다. 함께 늦은 점심으로 해장국을 먹고, 편의점에서 커피와 담배를 사들고 차를 타고 바닷가를 걷는, 아이들이 돌아오기 전의 시간을 좋아합니다. 저녁밥을 아이들에게 챙겨주고 나면 저는 일을 하러 가야 하지만, 피곤하지 않습니다.

너무 아픈 사랑은 사랑이 아니라는 유행가사를 부정하며 당신과 부정을 저지르는 퇴폐의 세상을 좋아합니다. 아무도 정직하게 사는 사람을 부러워하지 않는 세상에서 좀 더 바보같이 사는 저를 부러워하지도 않을 테니까요.

당신은 결혼 따위를 생각하는 사람이 아니라서 좋습니다. 여자를 아이와 남겨놓고 훌쩍이며 사라지는 남자가 아니라서 보험을 들 필요가 없으니까요. 밤새도록 저를 기다리며 시를 쓰는 남자라서 좋습니다. 담배는 피워도 손님들처럼 술고래가 되지 않아서 좋습니다. 술 취한 김에 몸을 더듬고 뽀뽀를 해대면서 정을 줄 것처럼 하다가도 계산을 하고 나면 저를 기억 못하는 그런 남자가 아니어서 좋습니다. 친적과 지인의 경조사, 잡스런 자리에 가자고 조르지 않고, 밤에 전화를 걸어와 술값이 모자라다고 사정하는 남자가 아니어서 좋습니다. 벌이는 시원치 않으면서 술값으로 카드나 돌려 막는 회

김병심 사진

사원이 아니어서 좋습니다. 사장님이거나 의사, 교수가 아니어서 더더욱 좋습니다. 쩨쩨하게 팁도 안 주면서 허세와 큰소리로 많은 걸 요구하다 본전 생각하는 그런 남자가 아니어서 좋습니다.

천박하다고 연애도 안 거는 샌님인 줄 알았는데 당신,

서로의 사생활을 존중하자는 당신의 배려를 느낀 순간부터 당신과 저물도록 몸을 버리자고 생각했습니다. 붉은 홍등 숲을 싫어하는 당신이 저를 마중 나오던 새벽, 빗물을 다 막아주느라 온몸이 스펀지가 되어버린 당신에게 저는 여자가 될 수 있었습니다. 모텔에서 바닷가에서 당신이 밤새도록 쓴 이야기와 밤새도록 읽었던 책을 들려주는 한낮에 저는 당신의 여자가 될 수 있었습니다.

여자, 한 남자의 사랑을 받는 여자는 이런 것이구나….

술잔의 교태와 애교 속에서 간을 빼앗긴 그들이 술국을 끓이며 기다리는 민낯의 펑퍼짐한 아내에게 어김없이 돌아가는 것을 볼 때마다 알 수 없었던 사랑의 힘, 사랑의 자전으로 깨지지 않는 남녀 사이가 불가사의했습니다.

어디로도 함부로 티켓을 끊지 않는 저와, 가명을 쓰고 여럿의 전화를 내밀지 않는 저와, 미래에 정원이 있는 집에서 삽살개를 키우는 꿈을 가진 저와, 목욕 바구니 대신 쑥을 캐고 시집을 읽고 조조영화에 흠뻑 울 줄 아는 저와 하루 종일 놀아줘서 당신이 좋습니다.

왜 이런 직업을 가졌냐고, 왜 남의 아이를 키우고 있느냐고 묻지 않는 당신과 연애라는 걸 해봐서 좋았습니다.

미래를 믿지 않는 당신과, 사랑을 믿지 않는 당신과, 당신을 버리고 떠난 어머니를 만나지 않는 당신과 유행가를 부르며 낮술에 취하는 이 생이, 전생의 죗값이었다고 당신에게 말하고 싶지만, 당신이 저보다 좀 더 퇴폐적인 후에 들어주십시오. 좀 더 여자의 상처를 바보처럼 얻어 쓴 생 뒤에 들어주십시오.

취해도 울지 않는 저와 반대인 여자를 만나고 돌아오십시오.

다시 연애를 하시거든,

자궁 없이 어미인 듯 열매를 키우는 꽃과는 눈멀지 마십시오.

과거도 현실도 없이 가슴만 퍼렇게 쪼글해진, 짝퉁 메이커 시장통 원피스를 입은 여자는 돌아다 보지 마십시오.

독하게 미래를 향해 알뿌리를 키우는 다 저문 여자에게 다시는, 다시는 희망을 품게 하진 마십시오. 다시는, 다시는 너무 아픈 사랑으로 돌아오지 마십시오. 제발….

P.S. 저의 집에 데리고 온 그녀가 당신이 제게 사준 검은 구두를 신고 좋아하네요. 구두를 신고 당신을 닮은 하얀 아기를 안은 여자는 능소화 색깔의 원피스를 하늘거리며 대문을 나갑니다. 당신은 머뭇거리다가 아랫도리를 내놓습니다. 저는 당신을 그 여자와 아기가 서 있는 대문 밖으로 쫓아냅니다. 대문을 걸어 잠그고, 당신들에게 소리를 지릅니다. 소스라치게 놀라 깬 아침, 왼쪽 가슴부터 퍼렇게 아리는 통증이 번집니다. 옷이 흠뻑 젖은 걸 보니 오늘은 휴가를 내야 할 것 같습니다. 당신과 함께 가던 바닷가에서 꽃처럼 시를 읊고 있겠습니다.

WWW.비바리퐁 10

클래식을 듣는 소풍

– 클래식 누님에게

누님을 이름 대신 '클래식' 이라 부르는 당신의 지인들에다 대고 뭐라 했었습니다. 예쁜 이름을 놔두고 왜들 놀리듯 그러하는가요? 아름다울 미와 서울 경자를 쓰신다는 당신 이름을 부르려다 저도 그냥 클래식 누님이라고 자연스럽게 부릅니다.

당신에게 예고도 없이 우리는 찾아갔습니다. 마침 당신은 레몬 농장에서 퇴비와 흙더버기를 나르는 중이었습니다. 일행들이 들이닥쳐도 기꺼운 즐거움으로 손수레를 놓고 걸어오시더군요. 민낯에 챙이 넓은 모자를 썼지만, 땀이 송송 맺힌 얼굴이 아름다워 자꾸 쳐다보게 되었지요. 당신의 왼쪽 가슴께 주머니에서 핀 하나에 매듭지어진 소형 라디오가 클래식을 듬뿍듬뿍 쏟아내고 있었습니다.

"바흐의 무반주 첼로 모음곡 3번이었던가요?"

"맞아요. 당신이 좋아하는 곡이라 다행이네요."

어두운 골방에서 자취하며 직장을 다니던 이십대 중반, 친구에게 받은 생일 선물 CD 2장으로 채워 흐르던 반가운 곡이었습니다. 회사에서 돌아온 쓸쓸한 자취방에서 저녁 내내, 새벽 잠 설핏, 갈 곳 없어 책만 읽던 휴가 기간 동안 듣던, 고독의 배경음악을 어찌 잊었겠습니까.

당신의 레몬나무들과 간이 적당한 바람이, 꽃을 마구 피워버리는 봄볕을 견디며 혼자 일을 하시는 당신과 클래식이 퍼지는 오후를 방문하고 나서야 당신의 이름이 그냥 '클래식' 이 되어버렸습니다. 이장한 산담을 정리하여 쉼터를 만들고 불을 지피는 혈거인 같은 당신, 은발의 머리카락을 문득 쓸어주고 싶었지만 일행들에게 충동적 행동을 빌미로 놀림을 당해낼 용기까지는 없어서 눈 안에 오래 넣고 보았습니다.

일을 하던 당신을 끌고 우리 넷은 소풍을 떠났습니다. 당신의 집 우영팟에는 우렁찬 닭장이 있었습니다. 얼굴만 금방 씻고 가신다더니 어느새 닭장에서 꺼내온 유정알들이 삶아지고 있었군요. 무릎 위에 얹어 가는 내내 손바닥부터 몸 전체까지 따뜻해졌습니다.

김병심 사진

알을 품던 에디슨과 마당을 나온 암탉, 계란을 선물로 주던 어린 애인과 유정란 농장을 하시던 학부모까지 따스한 기억이 함께 달렸습니다. 우리를 싣고 달리는 차는 제주도의 동쪽, 성산일출봉이 내다보이는 조그만 해오름 도서관이 최종 목적지었습니다. 그 전에 우리는 놀멍 쉬멍 가자며 낭끼오름과 식산봉을 둘러보았습니다.

낭끼오름은 도로에서 5분도 채 걸리지 않는 도보의 낮은 오름이었습니다. 싱거운 웃음을 사라지게 한 장관.

오름 위에 올라가는 순간부터 시작되는 '수산야색水山野色'을 보았습니다. 수산리와 난산리 사이에 펼쳐진 드넓은 들판에서 몽골인들의 말 울음 소리가 들리는 듯했습니다. 동행한 화백의 표현대로 걸리버가 누워도 되겠습니다. 그 뒤로 병풍처럼 각각의 이름을 달고 솟은 오름들과 바다, 바다빛 하늘, 우리는 '아~하~'.

그저 시원한 공기를 폐로 공급하며 정신을 차리기 바쁜 사람들처럼 감탄뿐이었지요.

당신을 예정 없이 보쌈하고 온 것이 내내 걸렸지만, 당신이 연발 내지르는 환호에 덩달아 신났습니다. 나의 발랄한 애교가 쓸데없어진 당신의 생기가 봄 들판에서 빛납니다. 성산일출봉이 바로 앞에서 시야 하나를 차지하는 식산봉은 오름보다 둘레길이 좋았습니다. 일제 시대에 쌓았다는 '보' 라는 바닷속 돌담과 바닷물이 마치 강물 같은 이곳의 풍경은 긴 나무다리와 옅은 물빛이 가을을 닮아있었습니다. 긴 나무다리를 건너면 낮은 지붕 어딘가에 까만 눈을 한 사춘기 소녀가 살고 있을 것만 같습니다.

유정알과 삼다수와 당신의 농장에서 가져온 귤을 까먹으며 쪼그린 우리는 방과후에 몰려온 말벗 같습니다. 당신이 금방 캔 방풍의 박하향이 흔들리는 이 섬에서 이대로 소풍 같은 한 컷으로 살아보고 싶어졌습니다. 예정 없이 주중의 일손을 전부 버리고 온 우리네 사람은 철부지 같은 소풍이 남들이나 부리는 호사 같습니다. 여유를 누리지 못하는 부지런한 손발을 가진 사람들입니다. 애틋한 봄날의 호사는 짧은 법입니다.

당신과 먹은 싱싱한 고등어회와 고등어구이는 맛있었습니다. 근사한 저녁까지 성산포에서 먹게 해준 오늘 행사의 주인공이 살짝 고마워졌습니다. 핸드 브로셔 출판기념식이 있다는 말을 귓등으로 들었던 게 살짝 미안해졌습니다. 지인이랍시고 어린 저를 함께 데려가 주셔서 무척 부끄러워졌습니다. 행사가 끝나고 촬영팀이 있건 관계자가 있건 상관없이 우리를 챙겨주는 그가 많이 자랑스러워졌습니다.

즐겨 웃어도 모자랄 행운 같은 그가, 동그란 부적 같은 그의 책이 성산포를 빛낼 것입니다.

보름이 이틀이나 지났는데 만삭의 달은 출산할 기미가 보이지 않습니다. 일출봉 꼭대기까지 계단마다 등을 달아버려 밤에도 자연이 쉬지 못한다고, 구시렁대던 환경보호단체처럼 입방아 찧던 우리는 저녁을 먹고 나와 차를 타고 가는 동안 몽상가가 되고 말았습니다. 주위가 사위어진 틈을 타서 일출봉까지 지워버린 까만 하늘 위로 계단의 등들이 꽃길을 냈습니다. 둥그런 달까지 사다리를 놓은 장면을 보아버린 우리는 판타지로 입안을 헹구었습니다.

노래까지 부르고 제주시내로 넘어오는 내내, 당신은 취한 우리를 위해 운전을 해주었습니다. 많이 취하고 싶어서 술을 자꾸만 마셨는데도 등 뒤에 눈을 감고 앉아 가는 내내 당신의 목소리를 전부 듣고 있었습니다. 당신 집 앞까지 와서 대리운전을 부르고 우리는

식탁 위에 놓인 검은 비닐 매듭이 풀리자
깨끗한 방풍이 맨살을 드러내며 싹을
솟아 올렸습니다
쓰레기나 치워야겠다던 이 아침을 맑게
깨우며 내 마음에 싸아한 박하향 같은
향기나는 식물 한 그루를 심어 놓았습니다
순례를 하고 돌아온 기분입니다

다음 집으로 향했지요. 가는 내내 두 사람이 당신이 고마운지 다음엔 농장 일을 거들자고 약속하더이다. 저는 입꼬리가 올라가다 잠이 들었습니다.

새벽 6시에 사우나를 갔다 돌아오다 당신이 궁금해졌습니다. 아침 8시에 아이들의 등굣길에서 또다시 당신이 궁금해져 안부를 문자로 보냈지요. 당신의 텃밭에서 아침 10시 가까이에 답장이 왔습니다.

당장 당신의 집으로 쳐들어가
아침 밥상을 마주하고 싶어졌습니다.
하지만 저는 과음한 탓에 탕 안에서도, 전기요에서도 지금껏 몸이 차갑습니다.
높은 열로 몸을 녹이면
건강한 맨발로 쑥차를 함께 마시는 오후의 정원을 기대하셔도 좋습니다.

P.S. 이제 저는 클래식이 있는 당신 이름, 곁이니까요.

WWW.비바리퐁 11

학교

1.

휴일의 학교를 좋아합니다. 유령처럼 복도를 걸으며 빈 교실을 힐끔 바라보거나,

벽에 붙은 상급생의 그림들에게 가만히 말을 걸어 봅니다.

마르고 큰 먼발치의 선배는 작품마다 숨소리를 남겨놓았나 봅니다.

섬세하고 도도한 작품들이 긴 복도에 서서 진두지휘하는 장수 같습니다.

학교를 빛내는 훌륭한 예술가가 될 것이라고 믿어지는 한 호흡이 자랑스럽습니다.

미술작품들을 오래 서서 볼 수 있는 휴일, 아무도 없는 학교는 명화가 걸린 미술관의 산책길을 닮았습니다.

2.

문예창작영재반이 생긴다는 것은 반갑고, 당연한 시작이라 생각했습니다. 과학영재, 수학영재만 키우던 학교에서 문예창작영재라니요. 늦은 감이 있지만, 지금 시작해도 당연히 있어야 할 것이라 당당하게 얘기합니다.

첫 외부강사로 제안을 받았을 때는 떨 듯이 기뻤습니다. 영재들과 글을 쓴다는 것은 우주선을 타고 소행성 B612호로 돌아갈 수 있다는 희망만큼 반가운 소식이었습니다. 저에게는 특히 좋은 기회라고 생각합니다. 새로운 집요와 홈즈의 호기심으로 관찰하는 시들이 분명 나타날 테니까요. 영재들의 특성이잖아요. 편벽된 두뇌들이 파헤치는 블랙홀에 저는 부르르 떨 준비가 되어있습니다. 그 애들은 자신들의 잠재력이 얼마나 큰지 모를 겁니다. 더구나 사춘기 소년과 소녀들이라니…. 우주의 진동을 느낄 수 있는 불안한 영혼들과 파피용을 타고 우주여행을 떠나고 오겠습니다.

개소식이 있었습니다. 그 전에 두 번 정도 학교를 들렀지요. 열의와 두려움을 동시에 지닌 담당 선생님들의 도전이 부러웠습니다. 인재를 길러내는 저 인내와 리더십이 든든해집니다. 축시를 낭송해 달라기에 "하겠습니다."라고 자신있게 대답해놓고 걱정은 집에 와서 내내 했습니다. 그 앞에서 자신 없는 모습을 보이기 싫었습니다. 모두 두렵고 설레기는 마찬가지였으니까요. 내내 고민한 시가 '우주를 체험한 문장가에게' 라는, 바로 영재들을 위한 축시입니다. 사실, 당신에게 보내는 제 마음과 제 자신에게 보내는 시였습니다.

그러니, 부디 용기를 잃지 마십시오.
당신의 문장을 좋아하거든요.
당신을 내내 읽고 싶습니다.
저도 내내 대답하고 싶습니다.

나에게 사랑의 눈인사를 하는 당신은 모든 게 잘될 것입니다
얼굴에 화색이 돌고 콧노래가 절로 나오게 되지요
멀리서부터 당신을 알아보는 사람들로 당신의 인기는 금세 오르지요

나에게 사랑의 눈인사를 받는 당신은 모든 게 달라질 것입니다
피곤한 일상과 입맛 없는 식탁에서 재잘대는 새소리가 들리지요
말 안 듣는 아이들과 잔소리만 하던 어른들에게 찬사와 칭찬이 터져 나오지요
하루하루가 당신을 기다리는 사람들에게
당신의 부드러운 혀와 손끝이 필요하게 되지요

나에게 사랑의 눈인사를 하는 이, 누구일까요
나는 누구의 사랑을 받았기에 당신에게 이토록 전이된 정전기를 일으킬까요
나를 보이지 않는 곳에서 키워주는 이, 분명 있을 텐데
나는 감사의 말도 전하지 못한 채
당신에게만 눈인사를 하고 있네요

www.비바리풍 12

처음이자 마지막인 당신

연두의 입들이 자분자분 얘기를 합니다. 겨울이 있긴 했었나요? 상처와 기다림만 추위에서 떠오르던 겨울 낱말을 뱉어버린 저 연두처럼, 당신의 즐거운 입술을 쳐다보고 싶어집니다. 유월이나 되어서 오시려는지요. 연두를 지우고 오월의 장미를 보다가 문득 전생의 저를 떠올리실 건가요. 지금은 목련과 벚꽃에 기억을 잃어 제가 까마득하신 겁니까?

징징대는 네 개의 가시를 지닌 제가 이 별에 혼자 있어서 다행입니다. 상처는 당신과 당신 아닌 당신을 닮은 모두까지 아프게 하니 안 될 일입니다.

당신 앞에서는 투정도, 눈물도, 상처적 질문도 하지 않겠습니다. 투명한 제 웃음만 가져가신 당신, 야생화처럼 살았으나 온실에서 키워진 꽃처럼 보이고 싶습니다. 저로 인해 아파하거나, 오랫동안 다른 이를 만나지 않는 것은 밉습니다.

다시 사랑해야 할 당신이 당신의 그녀와 저를 동시에 떠올리지 않도록 저는 투명하고 희미하게 살아있겠습니다. 문자도 전화도 잊히도록 간간이 별거 아닌 안부만…대신 혼자 불타는 꽃, 그 꽃으로 한세상 불 지르는, 당신밖에 모르는 저로 인해 참… 사랑…한번쯤은 해봤다고 혼잣말로 해주십시오.

음복하는 술잔 속에 꽃잎 한 송이 띄우고 그렇게 세월을 까마득하게, 잊혀진 모습으로 와주십시오.

까마귀처럼 그저 "아아아…"라고만 말하셔도 좋습니다. 묘비는 손바닥을 써서 닦아주시면 고인 눈물로 말끔해지겠지요.

기억 속으로 미어지는 가슴을 드러내 주십시오. 한 번쯤 당신의 속말도 듣게 해주십시오. 저 혼자 가슴앓이 하다 불에 탄 나무가

강정효 사진

아니었다고 세월을, 잊지 않은 모습으로 말해주십시오.

다른 사람 두루두루 만나다 보니 늦었노라고, 빈방에 별 하나 숨겨둔 줄 모르고 다른 방만 돌아다보느라, 다른 이의 발톱만 깎아 달을 만들어 다느라 저의 발톱이 자라는 줄 몰랐다고 후회해주십시오. 발톱이 가시나무가 되고, 가시덩굴이 되어 잠들지 않은 제게 오는 길이 따갑고 힘들었다고 불평이라도 해주십시오. 당신이 깎아줘야만 했던 못생긴 발톱이 세월을, 잊지 못한 당신 모습을 닮아 길어만 갔더라고 대꾸라도 하게 먼저 가위를 들고 찾아와 담장을 치워주십시오.

재가 된 옷고름들이 꽃피는 봄밤, 기침하며 오십시오. 돌아누운 저의 곳속으로 처음이자 마지막이었던 당신의 냄새를 풍기며 오십시오.

거지처럼 먼지를 뒤집어쓰고 오셔도 이 별은 연두의 시작을 알릴 겁니다.

내내 겨울만 있지 않았다고, 당신이란 달이 처음처럼 마지막까지 이 별을 빛나게 하던 꿈을 꾸게 해주십시오.

상처가 나는 곳만 계속 덧나는 저는 당신이 있는 곳으로만 뻗는 뿌리를 가져서 미안합니다.

제 스스로 타는 뿌리를 잘라보겠습니다.

늦지 마십시오.

다른 사람의 발톱을 두루두루 깎아줄 때마다 저의 외로움이 길어집니다. 빈방의 어둠이 짙어집니다. 달나라가 필요합니다. 혼자 수음하는 여자의 속살 같은 달, 국경도 경계도 없는 온통 통째로 환한 달나라처럼 와주십시오.

P.S. 연두의 입술로, 상처를 모르는 봄처럼, 달달하게 와주십시오.
마지막 모습도 처음처럼 내내… 내 사랑, 당신,

WWW.비바리퐁 13

감성마을 순력도

그대와 함께
이 넓고 넓은 세상 안에
그 많고도 많은 사람 중에
당신과 나, 우리 둘이 함께
– 일기장 겉표지 글 중에서

이 일기장을 어떻게 다 채울까 걱정했습니다.

당신이 떠나서요. 더 이상 우리 사이에 나눌 교감이 없다고 생각했습니다.

아직도 매일매일빵집 간판만 보면 눈물이 납니다. 첫 데이트에서 당신과 빵 대신 커피를 샀던 곳입니다.

그래서 한 페이지를 채웁니다.

아직도 해안선을 타고 가면 우리가 잠들던 골목을 경유해서 차를 몰고 옵니다. 에드가 앨런 포우의 에너벨리처럼 당신과 잠들던 바닷가 모래성이 아직 남아있습니다.

그래서 그리움을 묶어놓습니다.

아직도 당신이 남겨 둔 노래가 저장되어 있는 USB가 차 안에서, 이어폰에서, 혼잣말의 배경이 되어줍니다.

그래서 당신을 쓸 수 있습니다.

저만 당신을 쓰고 있나요?

허락 없이 쓰고 그리워하고 눈물을 잃지 않습니다.

감사합니다. 제게 감성을 갖게 해주신 당신,

감사합니다. 제 곁에서 늘 맴돌아주셔서요.

이 나이에 연애를 원없이 하게 내버려두셔서 너무,

감사합니다. 당신의 젊음과 당신의 고독에게 미안하지만

그 또한 저와 함께해주셔서 감사합니다.

당신에게도 나이가 깃들고, 가족이 생기겠지만요,

이런 연애가 있었던 것을 후회하지 않습니다.

평생 한 번도 사랑이 찾아오지 않는 사람들을 대신해서 사랑을 느꼈으니 감사합니다.

당신은 당신의 노래로, 저는 저의 노래로 감성의 마을을 지어 순력도를 그리고 있습니다.

우리의 마을을 순력하신 순례자들에게 사랑의 눈물을 마시게 하려고요.

사랑 없이 기계 속에서 기계가 되려는 그들에게

손으로 만지는 사랑, 코끝으로 맡는 사랑, 귓불로 붉어지는 사랑, 시울이 앓는 사랑, 가슴불에 데인 심장이 소리를 지르는 사랑이

강정효 사진

궁금하게

우리의 옛사랑이 고백합니다. 은유와 비유로 가득한 비늘을 달고 있는 드래곤이 날고 있습니다.

당신의 드래곤과 저의 드래곤이 세상을 날아다니며 인간을 구할 수 있다면.

기계가 되고 좀비가 되느라 사랑을 잃어버린 그들에게 감성을 찾아줄 테지요.

당신, 너무 아름다운 당신과 사랑했으니까요.

당신, 기계처럼 현실에 미쳐있는 저와 사랑해주셨으니까요.

당신, 영원 속에 있어도 변치 않는 사랑으로 지금껏 있으니까요.

함께, 우리가 사랑을 만났던 감성의 마을을 그려보아요.

남들은 모르게 우리만 신났던, 우리만 빛났던, 우리만 젊어지던 우물도 살짝 그려넣읍시다.

혹시, 우리의 지도를 보고 길을 잃은 연인이 생겨도 모른 척합시다.

가르치려 하지도, 지도를 수정하지도 맙시다.

사랑이 모두 같을 수는 없으니까요.

서로의 사랑을 만들도록 그대로 지나칩시다. 사랑이 지겨울 때가 찾아오면 읽을 시집도 몇 권 갖다놓읍시다. 성깔 있는 새도 몇 마리 키워서 노래를 가르칩시다. 당신이랑 보았던 곶자왈의 소들에게 신선한 우유도 부탁합시다.

아침의 나라에서 구해온 할머니의 연애서와 선생님의 악보도 있으면 좋겠어요.

추억이 지나가다가 돌아보면 웃기도 합시다. 찡그리거나 삭제하지 맙시다. 미운 것도, 오해도 지나고 나면 모두 아름답습니다.

지금 제가 잊혀지는 당신, 애써 지우지 말고 저처럼 모두 기록해주세요.

그리운 것은 그리운 대로, 생각나는 것은 생각나는 대로 모두 써주세요.

그리고 저의 동의 없이 날개가 되고, 노래가 되면 세상에 뿌리십시오.

저의 뼈와 살이 그렇게 흩어질 겁니다.

옛사랑이 생각나면 모인 글귀가 우리가 만든 감성의 마을에서 꽃으로, 연두로, 새로 환생할 테죠.

당신을 그렇게 해도 될까요?

묻지 않고 동의도 없이 저의 이야기를 쓰는 것을 후회하지 않습니다. 당신을 처음이자 마지막으로 남몰래 사랑했으니까요. 이 나이에, 제가….

WWW.비바리퐁 14

어떤 개인 날

그녀의 수업을 엿듣습니다. 비가 많이 오는 토요일 오전 9시를 위해 그녀는 밤새 뒤척였습니다. 고인 간밤의 물웅덩이가 잠긴 그녀의 목소리에 따라왔군요. 그녀가 걱정이 되어 물발자국처럼 따라왔습니다. 다행히 그녀는 차분했고 또한 아이들의 심음이 고르게 그녀에게 다가갑니다.

그녀가 수업을 하는 첫 주제는 '시란 무엇인가' 였습니다. 아직도 우리 사이에 풀 수 없던 정의를 아이들에게 묻고 있습니다. 우문현답처럼 쫘르르 쏟아지는 구슬 같은 대답이 출석처럼 하나둘 쏟아집니다. 아하, 아이들 목소리 하나하나를 놓치지 않고 모아서 방울방울 물길을 내는 수업이 바로 그녀만의 마법이었습니다.

그녀에게 시란 생을 견디는 치유라고 들었던 생각을 털어냅니다. 저에게 시란 주저흔을 매만지며 연명하는 생활이란 걸 모른 척 하시는 그녀에게 우리의 시를 닮지 않기를 부탁하며 아이들의 맑은 대답 속을 유랑하는 아침입니다.

아이들이 시론을 읽는 잠깐 사이 창문 밖 저를 발견한 그녀가 부끄럽게 차를 마실 수 있는 교무실을 알려줍니다. 저에게는 지금 그녀가 한잔의 아침 술 같습니다. 손을 휘저으며 취한 듯 저는 복도 벽에 기대어 그녀의 목소리에 잠깁니다.

아이들이 좋아할 만한 드라마 속 얘기와 남자주인공을 사모한다는 얘기로 아이들의 시제에 섞이는 그녀가 감동입니다. 사실 그녀는 신학기 준비와 행정업무로 자정 가까운 시간에 퇴근을 해왔거든요. 드라마를 보지 않은 지 오래된 그녀입니다. 그녀가 좋아하는 푸치니의 나비부인 중의 아리아 '어떤 개인 날' 을 듣지 못한 휴일이 벌써 석 달째입니다. 그녀가 이렇게 외롭게 놓아두는걸요. 그런 그녀가 어느 틈에 화제의 드라마와 인기 있는 요즘 남자주인공의 명대사를 스크랩해 놓으셨을까요. 그녀의 틈엔 어느 하나 게으름이 없군요. 서너 시간을 아이들도 버티기 힘들 텐데. 그녀는 조금도 흔들리지 않습니다.

창밖엔 벚꽃이 비에 젖고 바람에 흔들립니다. 휘청이는 제 다리가 여러 번 바뀝니다. 다행입니다. 쉬는 시간이네요.

쉬는 시간에 잠시 아이들의 책상을 구경하게 해주셨습니다.

그녀가 어느새 준비하고 온 시집들이 진열되어 있었습니다.

교과서에서만 시를 보았던 아이들이 시집을 들춰봅니다.

그녀의 생일 때 주었던 시집에 날짜가 번져있습니다.

낱장이 닳아 몇 번의 침이 얼룩진 시집은 그녀가 아끼는 것이 분명합니다. 대학시절 선배가 읽던 시집도 그녀의 서가에 꽂혀있었

김병심 사진

군요. 요절한 하얀 얼굴의 마른 그가 그녀를 몹시 아프게 한 시절이 시집 사이에 갈피로 남아있습니다.

두 번째 시간이 되어 얼른 저는 복도 밖으로 나왔습니다.

아이들이 고른 시집에서 마음에 드는 시들을 더듬더듬 읽고 있네요.

아직 고독과 비애 따위가 범하지 못할 저 여린 연두의 심음들이 신음처럼 뱉어내는 시어들이 꽃잎 떨어지는 창밖 같습니다.

저 혼자 흔들리는 복도에 한기가 몰려옵니다. 내재적 머뭇거림으로 떨어지는 시어들을 붙잡고 싶어하는 저에게 아직 연두를 키워낼 용기가 없는 탓입니다.

그녀를 붙들고 싶은 현기증이 빈 복도에 가득합니다.

아이들이 그저 읽어버리는 시들이 괜히 복도로 몰려와서 엿듣는 귓속을 채웁니다.

우우웅 벌의 심장이 두근거리는 박수 소리처럼 커집니다.

연이어 자기소개와 함께 시를 고른 설명을 덧붙이는 아이들이 빨개진 저를 발견한 듯 감쪽같습니다.

모른 척해준 것은 얄궂은 아이들의 엉큼 같습니다.

그녀와 제가 시에 흔들리는 것을 아이들이 붙잡아주는 것 같습니다.

시간이 혼동됩니다.

아득한 이 복도가 긴 관처럼 오래된 학동들의 글 읽는 서당 담

벼락 같습니다.

귀동냥하던 제가 현생까지 그네들을 몰고 온 건 아닌지요.

시를 읽는 토요일 아침,

꽃비가 그쳤습니다.

비가 개인 날은 봄이 깊어집니다. 취한 저는 복도에 주저앉아 어리둥절합니다.

꽃잎을 털고 일어나 현생에 머뭇거리는 시인으로 환생하는 순간,

그녀가 저기 교실 안에 계셔주셔서 다행입니다.

물발자국마저 사랑해주신 그녀.

어떤 개인 날, 만났던 나비부인의 아리아가 연두의 심장소리를 키우고 있습니다.

그녀와 그녀의 아이들은 늘 개인 날의 나비가 될 겁니다.

WWW.비바리풍 15

전망 좋은 방

1.

꽃비가 내리는 밤
까만 빗소리가
먼 곳에서 들려올수록
더 가까워지는
당신의 울음소리

2.

친구와 노래하다가 쉬며 얘기하는 밤
내내 당신이 사무칩니다
단둘이 노래하다 울던 내 모습이 초라했지만 고마웠습니다
내 결함을 보여줄 수 있어서

내 노래를 가만히 들어주던 속수무책의 당신이 가여웠지만
끈이 필요했던 절망을 들춘 건
당신의 옮은 포옹 때문일까요
오늘 참 그립습니다
한없이 퍼지던 포옹 속에서 한껏 노래에 몰입하던 밤이
당신께 참 대책 없던
그때의 나는 또 올까요
일반적인 추억이 아닌
유일한 추억이
우리의 끈인가 봅니다
각자의 자리에서도 그리운 것은

3.

연암 박지원은 요동을 지나며 울기 좋은 땅이라 했습니다. 구례군 섬진강가의 벚나무 아래 묻히고 싶다던 당신, 또한 그곳도 울기 좋은 땅인가요. 죽어서까지 울고 싶어 전망 좋은 시선에 머무르고 싶어하시는 건가요.

당신은 울고 싶을 때마다 유난히 밝게 웃고 노래하셨습니다. 슬픈 노래는 피하고 트로트메들리를 부르거나 흔들흔들 춤을 추었습니다. 일행들은 만개한 벚꽃 날리는 소풍에 초대받은 이웃처럼 편안히 제 말을 풀어주느라 당신을 시선에서 종종 놓쳤습니다.

당신이 흐린 날에는 제 귀가 물소리에 젖습니다. 당신에게 폭우가 쏟아질 때면 제 귀가 나무 하나쯤 베어 버리는 전기톱소리로 아픕니다. 간밤의 꿈에서 당신이 가꾼 나무들이 위치를 바꿔 방사목이 되어버린 당신의 정원을 보았습니다. 의아해하던 아침, 창밖의 빗소리는 여전합니다. 거리로 나가면 발치 아래 벚꽃들이 하얀 길을 내었을 것만 같습니다.

당신 밤새 울다 가셨군요.

위로받고 싶어 내내 울다 지친 당신 때문에 나무들까지 자리를 바꿔 앉아 버렸군요.

당신을 엉망이 되게 한 그녀가 손을 내밀지 않던가요.

항상 제가 먼저 내밀던 손을 이제 당신이 먼저 내밀 차례예요.

여자가 손을 먼저 내미는 것은 세상의 수치와 모욕 따위에 용감한 흉노족의 피를 물려받아야만 가능하거든요. 이곳으로 흘러온 저와 이곳 제주의 비바리인 저의 피 속에는 의존하기보다 스스로 자생하는 기질이 섞여 있기 때문일 겁니다. 매번 기침하며 세상을 등지며 동굴로만 숨으려던 당신의 손을 잡아끌 수 있던,

제 피에 속지 마십시오.

사랑을 잃고 나면 손바닥에 어떠한 글귀도 쓸 수 없는 손에게 속지 마십시오.

강정효 사진

당신이 가있는 그곳의 여자에게는 가장 부드러운 사시사철의 들판만 보여주십시오. 당신이 먼저 손을 잡아끌고, 당신이 먼저 비누로 몸을 씻겨주십시오. 발등에 겹쳐 추는 춤은 왈츠이거나 블루스여야만 합니다. 담배와 눅눅한 솜이불은 치우십시오. 절대 울고 싶은 땅은 보여주지 마십시오. 당신의 집에 화로를 비워두지 마십시오. 따뜻한 시선이 그녀에게는 전망 좋은 집이 되어줄 겁니다. 당신의 집에 오래 그녀를 붙잡고 계십시오.

불교의 윤회를 믿는 당신이 나무로 서있는 초원을 오래도록 지나치겠습니다. 이시돌 목장을 지날 때마다 탱화를 따라 나온 소들이 초원의 의자에 앉아 되새김질하며 울더라도 지나치겠습니다. 그 무서운 잠을 잃은 제주 할머니들이 밭으로, 바다로 나가는 새벽길도 이젠 익숙해졌습니다. 조부모와 이웃 할머니들과 저의 불면은 울고 싶은 땅, 해녀의 바닷속이 해결해줄 겁니다.

젊어서 피가 독하고 뜨거워 찬물을 벌컥이는 당신,

부디 형형한 눈빛으로 나무들을 괴롭히지 마십시오. 함께 자라주십시오. 흐린 날 춤추는 짐승 한 마리가 초원을 헤매며 지르는 소리를 감추기 위해 안개가 피어오를 테지요. 지금 안개 낀 이시돌 목장을 지나 밤새 자리를 바꿔 앉은 당신의 나무들을 지키러 가야겠습니다.

이곳에 남겨진 전망 좋은 집에는 닦아도 닦아도 물이 고입니다.

먼저, 집을 떠나 온 계요등과 살갈퀴가 다치지 않게 어떻게든 정낭을 넘어보겠습니다.

WWW.비바리풍 16

Hey, 라틴풍으로 불러줘요

1.

함께 여행을 가주세요.

함께 가자고 했던 여행지가 이별과 함께 사라졌습니다.

이번만은 저와 헤어지더라도 여행을 가주십시오.

저의 몽골과 당신의 일본, 앙코르와트까지 이 별에 있는 동안 동행해주십오.

혼자 여행하는 당신과 단둘이라는 손을 잡고 배낭을 꾸려보고 싶습니다.

당신의 등을 말아 쥔 배가 더는 배앓이하지 않게, 새우잠이 없는 밤을, 이역의 모래바람에서도 견딜 수 있게 기회를 주십시오. 당신의 등 뒤에서 손을 흔들던 제가

나란히 손을 잡고 당신과 가보고 싶어졌습니다. 조심조심 다가가겠습니다.

여행을 함께 하기 위한 지금, 남아있는 이 시간들을요.

2.

음악을 듣는다는 건 태아의 심장으로 돌아가는 일.

속귀를 갖고 심장을 튼튼히 하던 태내로 돌아가 물고기가 되는 일.

음악을 듣는다는 건 언어 이전의 감정을 먹먹한 심장에 심어주는 일.

몸 안에 감정이란 나무를 심는 일.

음악이란 철없는 어른들이 화석이 되지 말라고 태아가 심어준 박동의 옹알이.

겉귀를 씻고 열심히 음악을 듣는 나의 심장은 양수 속 물거품 소리를 내고 있습니다.

저를 조용히 깨워주는 음악이 나머지 잠을 털어내는 아침이 오늘을 연명하게 합니다. 훌리오 이글레시아스의 〈Hey〉를 들으면 사이다를 금방 따라 부은 투명컵을 보는 듯합니다. 청량이란 기포가 알싸하게 양수가 고였던 배를 역류하며 그의 목소리로 배달되어 옵니다.

라틴의 남자들에겐 흥분제 같은 목소리가 있어 동요가 일어납니다. 가끔 당신이 그랬으면 했습니다. 모호하게 사랑을 속삭이느라 일생을 허비하고 뜻대로 되지 않으면 죽어버리는 베르테르 같은 독일인의 기질이 당신의 매력이긴 합니다. 그 매력에 빠져 함께 음악을 들었습니다. 하지만 욕망을 숨기지 않고 거절당해도 부끄러워 하지 않는 남자가 되었으면 하기도 합니다. 사랑이란 피곤하게 당신에게 여러 모습을 원하겠지만요. 훌리오 이글레시아스의 〈Hey〉를 들을 때면 당신의 가슴을 찢어 도화나무의 만개한 꽃잎에 파묻고 싶어집니다.

난 당신이란 바닷속에 한 줄기의 강이었지요.
더 많이 사랑했던 사람이 언제나 행복하니까요.
그것은 항상 저였으니까요.

꽃이 한차례 다녀갔는데 아직도 겨울 점퍼를 벗지 못한 저는 춥습니다. 오월이 곧 올 텐데요.

3.

여행을 떠나고 싶습니다. 보리순이 웃자라 청회색 안개가 자주 내리는 오월이 오고 있어서일까요.

꿩소리가 아직 남아있는 이호의 오도롱에 산 지도 삼 년이 지나갑니다. 바다의 원담과 돌담 사이의 청보리밭을 모두 한걸음에 내처 볼 수 있는 시내 가까운 마을입니다. 공항의 활주로가 가까워서 소음을 싫어하는 이들이 기피하는 마을입니다. 저는 비행기를 보는 걸 좋아합니다. 소음 따위는 내 안의 소리가 너무 커서 들리지도 않을 테니까요. 이사를 와서 후회했습니다. 좀 더 비행기 소리 가까이 살려고 했던, 당신이 오는 소리 가까이 살려고 했던 제게 비행기 소리보다 등대의 점멸등이 더 가까웠습니다. 소음의 사각지대도 있다는 걸 이사를 와서 알게 되었습니다. 사각지대에서 귀머거리처럼 뜨고 지는 비행기를 등대의 점멸등처럼 바라보며 살고 있습니다. 보석을 박은 우주선을 닮은 비행기들을 타고 당신의 여행지로 날아가고 싶어졌습니다.

귤빛 가로등이 켜진 오도롱에서 백계마을까지 걸어갔다 돌아오는 밤을 좋아합니다. 도두가 바로 눈앞에 보이면 되짚어 돌아옵니다. 마을 안길에 휘어진 올레길은 투명한 드래곤의 몸속이 아닐까 상상합니다. 사이다 기포처럼 이호동 사람들은 드래곤의 뒤척이는 몸속을 걷고, 옹기종기 납작 엎드린 마당을 내어주고, 드래곤의 허파에서 불어오는 반 박자의 호흡에 서로의 몸을 쓰다듬다 잠드는 건 아닐까요. 가난한 명랑 속에 잠든 집들의 작은 등불을 보며 알싸해지는 오래된 마을길을 걷는 걸 좋아합니다. 혼자 밤길에 놓인 저를 또 혼낼 테지요. 걱정마십시오. 훌리오 이글레시아스의 목소리는 저를 지켜주는 에너지를 뿜고 있으니까요. 그가 〈Hey〉라고 불러주면 당신의 가슴에 귀를 대고 듣던 심장소리 같아서 제 심장도 튼튼해집니다.

열대의 바람이 부는 이호의 여름밤이 그립습니다. 손길이 끊긴 제 몸에 열기가 부족한 탓입니다. 몸도 자꾸 만져줘야 하는데, 열에 뒤척이며 몸을 두드려야 할 텐데요. 당신의 스킨십이 까마득합니다.

훌리오 이글레시아스 같은 까무잡잡하고 시원한 눈매로 부르는 달콤한 이호의 저녁 바다가 지척인데,

등대를 켜놓은 지 오래인데,

혼자서만 여행을 떠나신 당신의 항해가 길어지고 있군요.

뭍에서 메아리처럼 〈Hey〉를 듣습니다. 물거품 속 기포들이 당신 심장까지 배달되는 시간이 오래 걸리지 않았으면 좋겠습니다.

당신이 준 레코드 판을 들을 수 있는 턴테이블이 귀해서 그냥 네이버 검색으로 듣습니다. 어느 기계에서건 〈Hey〉는 훌리오 이글레시아스의 목소리를 훌륭하게 정지시켜주니까요. 당신과 만나던 날처럼 그가 있어서 저는 그때 모습 그대로 정지해 있습니다.

뭍으로 뱃머리를 돌리신다면 재가 되기 전의 옷고름을 풀어줄 일입니다.

함께 여행을 떠나게 된다면 반복 재생되는 음악에 말을 잃지 않아도 되겠습니다. 명랑한 저와 가난하더라도 청회색을 버린 당신은 다채로운 곡예사의 춤을 출 일입니다. 태내로 함께 돌아가 심음의 음표로 살고 싶어질 테죠.

강정효 사진

돌아오시면
흰긴수염고래처럼
훌리오 이글레시아스의 목소리처럼
부드럽고 달콤하게 고백해주세요.
함께 가자고…

WWW.비바리퐁 17

오버 더 레인보우

– 나의 샤갈, 당신의 피카소

그 여자의 클림트, 나의 고흐

그 여자는 어릴 적부터 옷을 잘 입었습니다. 흑백 사진첩부터 핸드폰 갤러리까지 그 여자의 옷을 구경하다 보면 패션 잡지 속 모델 같습니다. 또한 그 여자는 화장을 잘합니다. 가끔 저를 부르고는 가부키에서 호러 여인까지 감쪽같이 만들어내곤 합니다. 타투를 하는 모습에 반하여 한동안 저는 제 가슴에, 제 엉덩이에 주술 같은 문양을 새겨달라고 졸랐습니다. 시니컬하게 거절하고는 점심이나 먹자며 초밥집으로 저를 끌고 갔지만 말이지요. 가끔 제 몸에 아프리카 문양이 새겨지는 걸 상상합니다. 드래곤이나 암호 같은 고대 문자를 제 몸에 암각하면 알 수 없는 미지로 떠날 수 있을 것 같습니다.

그 여자와 미술관에 명화를 보러 간 것은 처음입니다. 제가 먼저 티켓을 들고 미술관 앞에서 조형처럼 서서 기다리는 것은, 항상 그 여자의 몫이라고 생각했던 기다림은 처음입니다. 그 여자의 전

공은 한국화였지만 실은 중학교 때부터 그 여자의 등 뒤에서 들여다보았지요. 실은 초등학교 때부터 그 여자의 하교를 기다리며 들여다본 교실 안 풍경에서부터였지요. 세상은 이미 그 여자의 유년부터 지루한 수업이었을까요. 그 여자는 공책 뒷장에 그림을 그리고 있었습니다. 바비인형 같은 길쭉하고 늘씬한 여자들을 그려내고 긴 머리와 아름다운 옷을 입히고 있었습니다.

그 여자는 저의 방학숙제로 풍경화와 정물화를 그려주었습니다.

저는 그 여자의 방학숙제로 한달치 일기와 독후감을 써주었습니다.

그 여자는 저의 사춘기 속 남자친구를 초상화로 그려주었습니다.

저는 그 여자의 연애편지 속 멜랑꼴리아 괴물들을 시로 희석시켜주었습니다.

우리의 방에는 제임스 딘이 유화의 질감으로 웃고 있었고, 〈Somewhere Over The Rainbow〉가 카세트 테이프에서 늘어지고 있었기 때문입니다.

우리의 방에는 무스와 젤이 놓여있는 화장대가, 시집과 레코드판이 놓여있는 책꽂이가 존중되어 있었기 때문입니다.

우리는 중학교 때까지만 지금 헐리고 있는 옛집에서 함께 살았습니다. 그 후로 함께 살 수 없는 시간이 이렇게 길 줄 알았다면 싸우지 않았을걸 하고 후회합니다.

우리의 옛집이 이렇게 사라질 줄 알았다면 욕심부리며 서로의 보물 상자에 흠집을 내지 말걸 하고 후회합니다.

저는 시내에서 고등학교를 다니느라 일찍 가족에게서 떠나와 이제껏 자취방 신세입니다. 고독한 달팽이같이 제 방 하나에 목숨 거는 저와 달리 그 여자는 늘 사람들과 섞이는 걸 좋아합니다.

그 여자의 화실을 구경하던 대학 시절을 지나 그 여자의 미술 교습소까지 지났지만, 그 여자는 화가의 길을 가지 않았습니다. 저는 그 여자의 그림을 언제까지나 기다렸지만요. 대신 그 여자의 친구들만 화가로 남겨두었습니다. 저는 그 여자와 함께 시화전을 열자고 장소까지 함께 구경해 두었지만요. 그 여자는 자꾸 다른 곳으로 바쁘게 달아납니다.

대신 그 여자는 화장과 분장이 제2의 인생이라고 말합니다. 그 여자가 지금 그림을 그리고 있는 곳에는 유화의 기름 냄새나 아그리파 같은 석고상 대신 꽃분 냄새와 마네킹의 매끈한 모습이 먼저입니다. 화실에서건 샵에서건 저를 모델로 쓸 때면 시선을 어디다 둘지 부끄러워 안절부절못합니다. 견적이 많이 나오는 얼굴이라고 놀리지만, 금방 연예인 같아지는 화장술에 놀랍니다. 저의 달라진 모습은 비록 화장발, 조명발이지만 다른 인생을 살 수 있을 것 같아 기분이 좋아집니다.

그 여자가 제 얼굴에 화장을 할 때면 샤갈 같습니다. 화사한 안색과 다채로운 표정을 주고 싶어하는 샤갈처럼… 단색의 제가 사람들 속에 자꾸 섞이라고 무지개 색을 발라줍니다.

김병심 사진

그 여자가 지금은 인체에 그림을 그리고 있지만 그녀의 붓끝은 샤갈의 유화 색채와 석판의 발랄한 파스텔로 생기를 불어넣는 마술을 부리는 것 같습니다.

그 여자와 함께 지냈던 유년은 피카소 같았습니다. 〈우는 여인〉이나 〈게르니카〉처럼 지지 않고 고집 피우며 그림을 그렸고, 지지 않고 음식을 가렸고, 지지 않고 제 취향의 옷을 입으면서도 사물의 마음까지 헤아리는 그림을 그렸습니다. 〈아비뇽의 아가씨〉처럼 메이크업 포트폴리오를 제작할 때 또한 그러했습니다.

그 여자는 피카소처럼 태어나면서부터 살기를 거부했습니다.

엎어진 구덕 안에서도 울지 않았거든요. 태어나면서부터 살기를 거부했던 그녀가 아주 오래 살기로 결심한 것은 그 여자를 닮은 여자아이가 그리는 그림 때문일까요. 다섯 살의 여자아이의 스케치북은 그 여자의 유년을 빼다 박았습니다.

그 여자는 지금 클림트처럼 금박의 네모 같은 새도로 몽환적인 실눈의 여인들을 만들어냅니다. 사랑받고 싶은 여자, 사랑하고픈 여자들의 얼굴을 창조해냅니다.

저는 고흐처럼 여전히 귀를 막고 써도 써도 다시 쓰는 〈해바라기〉 삶을 살지만요.

화가들이 처음에는 정물화를 시작했듯이
시인들이 처음에는 서정시를 썼듯이
우리는 그림 앞에서 춤을 춥니다.

그림은 항상 우리에게 먼저 춤을 추면서 자신을 이해하라고 주문합니다. 마치 꽃처럼 얌전히 앉아 나비의 춤을 구애로 받아들이면서 입술을 내어주듯이….

어릴 적 우리처럼 그 여자와 저는 큐레이터를 무시하고 춤과 콧노래로 그림 속을 날아다닙니다.

우리의 스승이신 아버지가 남긴 명화감상법이거든요.

아버지는 그 여자에게 스케치북을, 저에게는 원고지를 돌잡이로 내주셨을 테죠.

돌아가신 아버지의 위대한 유산입니다.

그 여자와 저는 미술관을 나와 허물어지는 고향집으로 머리를 돌려 드라이브합니다.

재즈풍의 〈Over The Rainbow〉를 들으며 오즈의 마법사를 만나러 가던 흑백 화면으로 달려갑니다. 겁쟁이 사자와 머리가 빈 허수아비와 가슴을 갖고 싶어하던 철인은 함께할 수 없는 어른이 되었지만요. 마흔이 넘어 함께 동행한 미술관과 초원에는 나비들이 날고 있었지요. 곧이어 건너갈 무지개 너머에는 나비떼의 색깔로 채워질 세상이 스케치북과 원고지의 네모 속으로 금박 새도처럼 펴질 겁니다.

아직 그 여자의 스케치북은

저의 원고지는 무제한이거든요.

내일 골프선수들에게 화장을 하러 새벽길을 떠나는 그 여자에게

샤갈과 피카소의 그림이 동행하기를,

내일 시낭송을 하는 저의 후들거리는 무대공포증에

클림트와 고흐가 후광이 되기를.

WWW.비바리풍 18

저녁 소풍, 꽃 밥상

1.

그녀를 기다리는 공항에서 시 한 편을 재빠르게 썼습니다. 크로키의 20초를 공항 로비에서 시 쓰기로 얻어놨습니다. 문화재청에서 마련한 기와 문양 그리기 체험장이 공항 2층 로비에서 열리고 있었습니다. 그녀를 기다리는 동안 꽃 한송이를 그린다는 게 나비 두 마리까지 그려 넣었습니다. 나비까지만 그리자 했는데 시를 곁들였습니다. 한 줄도 길다는 하이쿠처럼 짧지만 흡족한 고백을 썼습니다. 기왓장에 꽃잎이 내려앉았습니다. 한 편의 꽃잎과 나비 두 마리가 시 속으로 소풍을 나온 듯합니다.

김병심 사진

국내선 도착 게이트 앞에 섰습니다. 어디에 서 있을까, 그녀의 시선과 어디에서 만날까, 두리번거리다가 2번 게이트 둥근 기둥에 기대어 섰습니다. 20분이나 지연된 그녀의 비행기를 따라 나비 두 마리 문양이 호주머니 속에서 콧노래를 따라 불렀지요.

2.

멘델스존의 바이올린 협주곡을 차 안에서 유튜브를 통해 들려줍니다. 사라장의 바이올린이 후천적 노력으로 끊임없이 얻어진 선율이란 걸 우리는 알고 있습니다. 시적 대상을 발견하려는 능동적이고 지속적인 시인이 절대적 영감을 소유한 시인을 능가한다는 것을 우리가 알고 있듯이…. 사라장이 어릴 적부터 바이올린과 소풍을 즐겼듯이 우리는 시 쓰기를 즐기기로 작정한 사람들입니다. 그녀가 이곳으로 훌쩍 내려올 때마다 항상 공항에 저는 서 있었습니다. 차 안과 술집과 한밤에도 함께 있었습니다. 10년 가까이 그녀를 이곳에서 마중하고 있었군요.

영국에서 돌아온 지 두 달밖에 안 된 그녀의 음악과 언어와 감정은 온통 그곳에 있었습니다. 오랜만에 듣는 멘델스존과 회상할 틈도 안 주고 바로 센트럴파크 교회 안의 바흐로 저를 잡아끌었습니다. 두 시간여의 공연 동안 귀만 쫑긋하는 영국인들과 교황의 모습까지, 경청의 청중을 부러워하는 그녀까지 고스란히 유튜브에서 새어나옵니다.

김병심 사진

그녀는 당신처럼 저와 떨어져 있는 공간을 상상하게 열심히 알려줍니다.

당신의 눈을 통해서,

당신의 코끝으로 맡은 냄새로,

당신의 귀로 선별한 고품격의 소리들로만 열심히 저에게 선물합니다.

그녀 또한 열심히 선물합니다.

저는 당신과 그녀의 상처를 매만집니다.

저와 떨어져 있는 동안 상처를 견디며 함께 ( )에 놓였던 당신과 그녀의 감각을

저는 열심히 들여다 봅니다.

잘 견뎌주셔서 고맙습니다.

저에게 돌아와 부끄러워하지 않고 용감하게 얘기하느라 열심인 당신과 그녀가 고맙습니다.

제게 부끄러워하지 않고 몰입하느라 잠시도 저를 저의 동굴 안으로 밀쳐버리지 않으셔서 고맙습니다.

지치지 말라고 새들이 날아오르듯,

편견을 깨뜨리고 당신을 재해석하는 시간을 그녀가 주고 있습니다.

어쩌면 우리와 우리의 눈동자 안의 당신들과 이렇게 4인이 동행한 저녁 소풍이 아닐는지요.

새로운 제가 당신을 오래 바라보기 위해 그녀의 이야기를 열심히 들여다봅니다.

그녀는 자꾸 질문을 하고 호기심을 불러들이고 잊지 않기 위해 뒤돌아봅니다.

해질녘 그림자도 길게 따뜻하던 금요일입니다.

그녀의 목소리가 내려앉은 꽃잎에 반짝입니다.

그녀에게 등대를 보여 주려고, 바다 위의 항해를 느끼게 해주려고, 예약이 이미 끝난 펜션에 직접 달려가 바닷가 쪽 방을 우겨 얻어냈습니다. 하룻밤을 자고 나면 또다시 훌쩍 떠나버릴 그녀이지만, 우리에겐 단 하룻밤도 쉽지 않습니다. 일상에서 사라지는 훌쩍이란, 오직 자신을 위한 사라짐이란.

그녀도 보았을까요.

흰긴수염고래의 뱃살이 파도인 듯 가르는 바다를요.

그녀 또한 열대 같은 방의 공기를 순환하려고 큰 창을 힘주어 열고는 새벽잠을 그대로 잃어버렸을까요.

등대가 촛대처럼 꽂혀있는 바다가 실은 제가 준비한 환영 케이크란 걸 알고 있었을까요.

당신처럼요.

당신처럼 내륙에서 사는 그녀 또한.

3.

그녀는 카메라를 샀습니다. 당신처럼 열심히 들여다 봅니다.

그녀는 빨간 자전거를 샀다고 했습니다. 당신의 집 계단에 묶여있던 검은 자전거처럼 작은 바퀴가 달린 것을요.

그녀는 붉은 체크남방에 검은 가디건을 입고 왔습니다. 운동화를 챙겨서요.

당신이 홍의와 검은 후드티와 운동화를 챙겨 오셨듯이요. 당신이 오실 때처럼 그녀와 함께 역시 등대가 어둠 속에서 점멸등을 켜기 전에 소풍을 서둘렀습니다.

그녀와 서귀포로 늦은 소풍을 가는 동안 오일장에서 샀던 붕어빵이 차 안에서 제주에선 몸이라 불리는 모자반과 콩가루와 참깨처럼 고소하게 놀고 있었을 겁니다. 그녀가 사는 곳은 당신의 집처럼 마당이 없어서 골갱이(호미)를 선물할 수 없어 안타까웠습니다. 혹시 텃밭을 일굴 기회가 생긴다면 기별하십시오. 당신과 그녀에게 후크선장의 갈고리손 같은 골갱이를 멋지게 선물하고 싶으니까요. 모두 무언가를 기르는 게 취미잖아요. 시를 기르고 시어을 발굴하고, 어린 제자를 키우는 우리는 맨날 긁적이는 삶을 사는 내통의 사람들입니다. 언어통을 앓고 있어 심장을 내놓은 환자들처럼 시인이란 참 무모한 사람들입니다. 땅을 긁다 보면 살고 싶어질 테니까요. 골갱이를 하나 건네고 싶으니까요. 어서 텃밭을 찾아보십시오.

당신과 함께 소풍을 갔던 서귀포에는 매화꽃이 피었던 자리마다 매실이 열려있더군요. 그녀와 산책하는 동안 지금 이곳은 열매가 튼튼합니다. 능수능란한 씨앗의 현란한 꽃이 지고 나면 열매가 맺히나 봅니다. 당신의 집에서 마시던 매실주에 붉어지던 언어는 어디에 방치되어 있을까요. 가여운 우리의 입술을 언어로 발효시킨 시집이 아직 덜 익은 탓일까요.

조사와 행갈이를 아직도 고심하고 계신가요.

당신은 너무 오래 들여다보고 계십니다.
어조와 숨은 의미를 찾느라
아직도 매실주를 함께 마시자는 기별을 주지 않으시나요.

4.

한밤에 빚은 술과 언어로 지금 강연장에서 잔치를 벌이는 그녀를 바라봅니다. 거침없는 강연에 매료됩니다. 어머니가 고아원에서 사무를 보느라 한밤이 되어 돌아오시던 유년을 시로 다시 빚어놓으신 그녀의 술은 잘 익어 마시기에 안성맞춤입니다. 자고 있는 그녀를 깨워 성경을 읽게 했다는 어머니, 성경의 의미를 대답하느라 텍스트에 집중했던 30분의 시간들이 쌓여 청중 앞에서 말하는 두려움이 사라졌다는 그녀의 후천적 노력을 들여다봅니다. 경험을 두려워하지 않는 그녀의 오감을 매번 배우려는 저에게 그녀는 감사한 존재입니다.

그녀의 차이나풍 단추가 반짝입니다.
꽃잎이 그려진 천으로 덧씌어진 단추일 텐데요.

그녀는 아침 10시부터 도서관에서 강연을 하고 있습니다. 외꺼풀의 속눈썹에 푸른 새도라도 발라줄 걸 그랬습니다. 낯선 섬에 무턱대고 와달란다고 덥석 와버린 그녀의 시선이 파르르 떨립니다. 불금의 한밤으로는, 소주만으로는 그녀의 눈빛을 그윽하게 묶어 놓을 수 없었나 봅니다. 당신처럼 강연을 앞둔 그녀가 긴장을 끝내 못 풀고 계십니다. 당신처럼 예민한 그녀… 하얀 그녀의 얼굴이 꽃잎 단추처럼 하얗습니다. 기왓장의 꽃잎처럼 그녀의 단추가….

우리가 오일장에서 먹었던 오뎅과 몸국이
우리가 이중섭 거리에서 들척이다 나눠 두른 머플러가
우리가 부르던 비좁은 노래방의 유행가사와 유튜브의 클래식이
그녀가 다시 시작하는 한국 생활에
그녀가 홀로 살아야 할 텃밭에서
그녀의 자전거 바퀴를 따라온 꽃잎에서
든든한 동행이 될 밥상이었으면 좋겠습니다.

촛불을 켜고 홀로 먹어야 하는 해질녘 밥상 내내 열심히 들여다본 피사체가 좋았으면 합니다.

박제된 저의 꽃잎과 두 마리 나비가 콧노래를 부르는 밥상이 되었음 합니다.

5.

멘델스존의 선율처럼, 마음을 잃어버린 바람처럼 애월까지 부유하다 돌아온 그녀를 이제 배웅하고 있습니다. 그녀의 단추에서

보았던 꽃잎이 새로운 시어가 되어 내 눈빛을 적시러 올 테지요.

당신이 돌아오면 내 눈빛에 고인 그녀의 시를 읊겠습니다. 질투하지 마십시오.

낯설어지는 당신과 좀 더 친하게 사귀려고 애쓰는 저를 그녀에게 빼앗긴 듯 오해하지 마십시오.

당신이 오시면 열심히 들여다보겠습니다.

당신 또한 열심히 들여다 보아주십시오.

그녀에게.

간단한 도시락을 싸고 와주셔서 고맙습니다.

손 놓고 쉬고 싶을 땐 언제든지 와버리세요.

마음 다 잃어버리면 다시 가셔서 밥집 아줌마처럼 웃어 봐요.

이미 말이 필요 없는 입술에 붉은 꽃잎이 번지는 해질녘 밥상에 마주합시다.

저녁 식탁은 매실주 익는 소풍으로 하겠습니다.

다음엔 배를 타고 오신다 하신 당신과 함께.

리허설만 하는 공항에서 ( )하고 싶다

다른 약속은 정중히 거절하면서 내게 오는 ( ) 앞에 서고 싶다

언제나 너라면

바야흐로 백팔배의 손바닥을 한 접시 받치는

봄날 ( )이고 싶다

해지기 전에 도착하렴

항로를 이탈해서라도 도착하렴

오늘은 참으로 너를 ( )하고 싶다

WWW.비바리풍 19

잃어버린 마을

–The Jeju April 3rd Lost Village (4·3 잃어버린 마을)

1.

We lived on sweet potato peels and grass. When I got a little a mount of barley. I cooked it for my younger siblings. After several days of hunger, they got full too quickly, so they had be lie down for two to three days until they were well again. We could not even step over a rock due to hunger. We have lived hard times.

– Won-dong, Choo-Boo Kang

지슬 껍데기 주워 먹고, 풀 뜯어 먹고 살았다고요. 어떻게 해서 보리 약간 생기면 볶아서 동생들 먹이면 오랫동안 굶다가 물에 섞어 먹으니까 배가 갑자기 불러서, 배탈이 가라앉을 때까지 한 이삼 일가량을 드러누워 있어야 했어. 너무 배가 고파 돌담 하나 넘어갈 힘조차 없었다고. 어린 동생들 데리고 우린 참 험하게 살았어.

– 원동, 강춘부

배고프면 그저 10원도, 아니 1원씩에도 땅을 팔고, 죽어버린 사람 소유의 땅은 명의 이전만 하면 자기 땅이되는 거라났주. 물터진골이 전멸해버리니까, 그 땅들 중의 반은 거저 주운 거지. 임자가 없으니까. 땅 소유자가 없을 때는 일단 명의 이전 해놓고 재판하는 거라, 한 달이면 한 달, 재판 일정을 공고해도 후손 없는 집은 당연히 못 갈 거 아니라? 그러면 궐석재판으로 원고가 승소하게 되는 거지. 그렇게 땅을 이전하는 거라.

– 원동, 강춘부

2.

전쟁을 원하는 국민은 없을 겁니다. 소송을 원하는 부하직원은 없을 겁니다. 소장 하나 제대로 쓸 수 없던 양제해 같은 민란의 장두 또한 원하지 않습니다. 탐욕은 산 사람의 목숨과 거래를 합니다. 한 나라의 역사쯤은 식민지적 시각으로 변조하잖아요. 마을 하나쯤은 쉽게 사라지게 하는 걸 보세요. 부잣집 아드님의 짝으론 결격사유가 있던 가난한 촌부의 딸에겐 사랑도 위선이 되고, 아이와 생이별도 하고, 위자료 한 푼 주지 않습니다. 싸움은 상대를 왜곡하고 색안

강정효 사진

경을 쓰는 것부터 하겠지요. 둘 다 잃어버리기는 마찬가지일 텐데요. 맞장구치는 회의장을 빠져나온 저들과 꾸역꾸역 식사를 합니다. 무엇을 먹었을까요. 독을 마시는 새와 같은 권력은 탐욕이었습니다.

매년 잃어버린 마을을 찾아가 시 한 편 쓰는 일로 제를 지냅니다. 집터라고는 대나무밭과 돌담뿐인데도, 몇 개의 봉분뿐인데도 따사로운 화덕처럼 시를 쓰는 저를 위해 보이지 않는 마을 사람들이 모여듭니다. 저들의 얘기를 받아 적느라 바쁜 저에게

"착하다. 착하다."

바람의 손바닥으로 쓰다듬습니다.

영남리 마을은 벌써 5년째 찾아갔습니다. 주말이면 가끔 둘째의 손을 잡고 찾아가 팽나무에 앉아봅니다. 옛우물터 앞, 절에 가서 차 한잔 마시기도 합니다. 종교를 갖지 않는 저에게 모든 신들이 문을 활짝 열어주셔서 참 감사했습니다. 영남리 마을은 5년 동안 찾아갔지만 쉽게 시를 쓸 수가 없었습니다. 너무 늦게 쓴 시를 오늘에서야 영남리 마을에 바치게 되었습니다.

강정마을에서 대나무를 한차례 꺾어갔다고 하셨습니다.

4·3 위령제에 쓸 거라며 대나무를 베어 갔다 하십니다.

좋은 일을 하시는 분들 위해 차와 떡을 내오시느라 스님이 바쁘십니다. 저의 시와 시화를 받으시려고 아침부터 문 앞에 서 있었노라고…. 쑥스러운 저를 위한 스님의 후광이 따사롭습니다. 서로의 연락처를 갖지 않아도 만날 때를 알아주는 이가 도처에 있어 행복합니다.

애월읍 봉성리에도 한 작품, 이곳 영남리에도 한 작품, 제주도 전체의 잃어버린 마을을 시로 다 쓸 수 있을까요. 누가 시키지 않았는데도 우겨 쓰는 제가 신기합니다. 제 손을 잡고 따라온 아이가 정낭을 열어 빈집마다 태엽이 감긴 오르골을 함께 찾아주었으면 합니다. 아이들의 장난감을 찾아주고 웃음도 찾아주면 마을들이 금방 살아날 것 같습니다. 잠자는 숲속의 공주에서 나오는 100년 동안의 잠에서요.

빈집에 문패가 너무 오랫동안 걸리지 않았으니까요. 옹알이조차 들리지 않았으니까요. 고향 땅에 눕고 싶은 어머니와의 약속을 너무 오랫동안 지켜드리지 못했으니까요. 어머니의 피와 살로 일군 땅을 너무 쉽게 빼앗겼거든요. 강남으로만 새떼들을 날려 버렸거든요. 그래서 가을에도 봄꽃을 심으신 건가요. 이상하다고 한번쯤은 찾아와 봐달라고요. 속이 상한 마을들이 제주도에 아직도 많습니다. 소장 하나 제대로 쓸 수 없는 마을은 지극히 서민적이고, 지극히 정직한 땅이라서, 전쟁을 싫어하는 땅이라서 먹먹하게 다 잃어버린 마을입니다.

3.

빈집의 오르골

- 영남리 마을

배냇짓의 옹알이 소리
자꾸만 허기져 섯가리에도 피어난 메밀꽃 몇 포기
임자 없는 층계밭을 지킨다
마른 젖을 먹이려고 신문 빠져나간 어머니의 산담은
아직도 골骨에 머문 젖냄새를 기억하고 있다

엽전의 사각지대에 깃든 호곡소리는
태동을 숨기고 위장전입자처럼 살게 했다
1원에 땅을 팔고 궐석재판으로 죽은 자의 땅을 되팔아 연명하는 마을

증거인멸을 할 수도 그들을 원점으로 데려올 수도 없다

예광탄이 태풍을 맞서고 있을 때마다 구덕에 눕혀
어머니는 경기 든 목소리로 자장가를 불러 주었다
입술 터지는 대나무의 메아리 밭에서 회전목마처럼
열 손가락 지문으로 살 썩는 주름을 펴
자꾸만 되짚어 주소를 가르쳐주던 어머니

그래도 어머니 산담 뒤 대나무만은 도도하다
만월滿月이 바람 든 땅의 주름으로 짓쳐 들어가 뿌리 다리던 곳
피부를 갖지 못한 검은 뼈들이 수런수런 청죽靑竹 되어
이재수의 난부터 강정까지
파도 절치는 만장으로 하늘을 휘가르고 있다

귀눈이 왁왁도 하여라
허기가 질 때마다 찾아오는 수취인 없는 집
옹알이가 멈춘 빈집에는 문패가 없다
밥 짓는 굴묵연기 사라지고 아이들 글 읽는 소리 들리지 않는다
돌담 넘겨줄 사람꽃 대신 고구마줄기 호박잎만 시든 손 내미는
가을에도 봄꽃이 피는 상실의 마을
사십팔년 십일월 눈보라를 버텨낸 팽나무 앞에서
내 등에 업혀온 공명통 하나가 태엽을 푸는 옹알이로
정낭을 열고 있다

4.

– 잃어버린 마을; 중문면 색달리 천서동, 중문리 섯단마을, 안덕면 동광리 삼밧구석, 안덕면 상천리 비지남흘, 남원면 신흥리 물도왓, 남원면 한남리 빌레가름, 표선면 가시리 새가름, 남원 신흥리 던덕모루, 아홉밧, 한경면 조수리 하동, 성산면 공성리 줴영밧, 한림면 명월리 빌레못, 한림면 상대리 고한이, 한림면 금악리 웃동네, 애월면 봉성리 지름기, 애월면 어음리 동돌궤기, 애월면 봉성리 화전동 솔도, 애월면 소길리 원동, 애월읍 어읍리 고지우영, 애월읍 고성리 웃가름, 애월읍 소길리 윤남비, 중문리 영남동, 화북리 곤을동, 동광 무등이왓, 노형동 함박동(함박동이란 깨어진 쪽박이란 뜻. 그래서 성공한 사람이 하나도 없어, 아예 사람이 살지 않음.)

당신, 관광객이 아닌 여행자가 되어 제주도를 찾아와 주세요.

WWW.비바리퐁 20

Wonderful Tonight

– 설문대에게

1.

여자는 여자다워야 하고, 남자는 남자다울 때 아름답습니다.

에릭 크랩튼의 〈Wonderful Tonight〉이란 노래를 들어보세요. 여자는 화장을 하고 옷을 골라 입으며 묻잖아요.

"나 괜찮아요?"

당신처럼

"오늘 너무 근사한데 ^^"

라고 대답해주네요.

파티에 온 사람들이 마치 당신과 춤추는 저를 보는 듯해도

당신처럼

"정말 멋진 밤이었어 ^^"

질투가 났어도 자랑스러워 해주잖아요.

당신이 피곤할 때처럼 저는 운전을 대신하죠. 잠든 당신에게 이불을 덮어주며 나갈 때면 당신의 잠꼬대처럼

"오늘밤 당신은 아름다웠어…."

라고 하잖아요.

여자와 남자 사이엔 애틋하지만 존중해주는 멘트가 가끔 필요합니다. 오늘 예쁘게 차려입고, 굽이 살짝 높은 구두를 신고 당신을 마중 나간 제 모습에 온통 신경이 쓰입니다. 어색한 제가 당신과 잘 어울렸으면 합니다. 남들의 시선에서 저 혼자 초라해지거나 정체된다면 당신께 미안해질 테죠. 늘 젊어지고 싶습니다. 어려 보인다는 것은 끊임없이 에너지가 생성된다는 것이니, 당신과 만날 때면 서늘한 겉모습에 감춰둔 용광로 속의 내면을 잃고 싶지 않습니다. 당신 또한 오늘 모습이 멋졌습니다. 당신 또한 저를 만나지 못한 시간 동안 애정과 감각을 온몸에 불어넣느라 땀이 송골 맺혔군요. 팔짱 낀 팔 근육과 곧은 등, 활짝 편 복근의 탄력 또한 당신의 열정을 느끼게 해줍니다. 게으르지 않은 당신은 저를 존중해주신 겁니다. Wonderful Tonight입니다.

2.

문무병 선생님께서 들려주시는 설문대 할망 이야기들을 모니터링합니다. 그분은 제게 제주신화를 들려주실 때면 에너지가 넘치십니다. 그리스 로마신화가 부럽지 않은 방대한 서사가 그분의 입속에서 거침없이 쏟아집니다. 제가 투정을 부렸습니다.

"너무 많은 신들을 하나하나 기억할 수가 없다구요. 책으로 만

강정효 사진

들어 주세요."

그분께서 그러마, 하시고는 늘 바쁘셔서 뒤로 미루고 미루기만 하셨습니다. 그분과 가끔 박물관 마당에 앉아 싱그러운 아침 티타임을 가지며 신화를 듣는 걸 좋아했습니다. 손녀처럼 조르는 제가 귀여우신지 늘 색다른 신화를 들려주셨습니다. 그런 그분이 〈제주의 소리〉에 제주 신화를 연재하기 시작해서 휴, 다행입니다. 이제 곧 책으로 출간된다는 신호입니다. 지금은 설문대 할망 이야기들입니다.

3.

너무 많이 가져서 슬픈 여자라고 했습니다. 제주의 탄생 신화는 손끝이 야무지고 인정도 많은 설문대여자에게서 시작됩니다. 속옷 한 벌 기워 입지 못하는 검소한 자신이지만, 퍼주고, 생명을 기르느라 바쁜 여자입니다. 오백 명의 아들들 뒤치다꺼리 하랴, 제주섬 사람들 돌보느라 눈코 뜰 새 없이 바쁘신 겁니다.

너무 힘이 세고 키가 크기 때문에 외롭다는 여자, 너무 많이 가져서 나눠주기 바쁜 여자, 고작 속옷 한 벌 받아보려 했더니 선물마저 제 것이 아니었던 여자, 손가락마저 너무 커서 세상을 가리는 어둠이라니요. 제주에서 제일 높은 칼호텔보다도 더 큰 손가락을 가진 설문대는

여 · 자 · 입 · 니 · 다.

4.

설문대란 여자도 여자이고 싶었을 겁니다.

"나 오늘 어때요?"

라고 당신에게 묻고 싶어지는 저처럼요.

그녀에게도

"당신 오늘 아름다워서, 너무 아름다워서 남들이 훔쳐갈까 봐 지키느라 내 눈이 빠지는 줄 알았어요. 하늘의 별들이 모두 당신 눈 속에서 빛나는 밤이오."

라고 말해주는, 카사노바 같지만, 오직 저에게만은 카사노바처럼 말해주는 용감한 당신 같은 남자가 필요했겠습니다. 남들에겐 그저 반편이 남자 같겠지만, 말더듬이 숙맥 같겠지만, 시 한 편 읽어주는 것밖에 가진 게 없겠지만요.

당신은 마르지 않는 저의 물줄기입니다.

사랑은 젊어지는 샘물입니다.

당신과 저의 젊음의 비결일 테죠.

늘 젊음으로 진화하는 우리처럼

설문대란 여자, 진작 사랑의 샘물을 찾아볼 일입니다.

WWW.비바리풍 21

울게 하소서

1.

사건적인 시간, 약속으로서의 시간이 품은 가장 큰 특성은 그것이 시간의 낙차(落差)를 허락한다는 점이다. 약속으로 결속된 사건은 영원성을 표상한다. 다시 말해서 그것은 시간의 정지를 뜻한다. 하지만 그 사건 바깥의 시간은 무심하게 흘러갈 수밖에 없다.

사랑하는 이에게 벗은 몸을 보여주는 것은 자연스러운 일이지만 모르는 이에게 그런 짓을 하는 것은 부끄러운 일이다. 약속을 깼다는 것, 그게 죄다. 그래서 사랑하는 이와 낙원에서 추방된다. 무시간성의 에덴, 약속의 장소에서 사랑이, 약속이, 영원성이 깨지면 반지가 갖는 상징이 사라진다.

– 권혁웅, 〈몬스터 멜랑콜리아-약속편〉 중에서

오즈의 마법사에서처럼 바람이 불었습니다. 도깨비가 깨문 개

암처럼 창문이 흔들렸고요, 집 없는 아이처럼 세간을 돌밭에 내려놓은 배 한 척이 눈에 거슬렸습니다. 한 척의 배는 바다에서 이곳 돌밭까지 어떻게 옮겨졌을까요? 볕에다 말리는 의자며, 돌하르방 같은 석상들은 왜 잔뜩 세워놓았을까요? 며칠 동안 제 눈에 마른 돌밭위 배 한 척이 까글거렸습니다.

기마민족의 저에게 물고기를 잡아오시는 이 나라의 남자는 곰국 대신 지리국을 매일 끓이고 있습니다.

"마시써여."

처음 이 나라의 언어를 배우던 날이었습니다. 그날부터 바보온달 같은 이 남자는 지리국을 보약처럼 매일 저에게 바칩니다. 낚싯대에 걸려 온 해초국 고기들이 제물로 끓여지는 국을 보약처럼 매일 마시다 급기야 밖으로 뛰쳐나갔습니다. 곰국을 몰래 사먹고 돌아오던 저는 여우누이처럼 입가의 피를 닦았습니다. 피를 마시는 새처럼 오래 살기로 작정했으니까요. 다시 집으로 돌아가는 겁니다. 배 한 척의 그이는 매일 달라지는 돌무더기 탑을 쌓고 있습니다. 탑 위에 왕오천축국을 다녀온 석가가 떡하니 좌정하셨습니다. 피시식, 십자가도 무섭지 않은 저는 석가의 댕강 잘린 목을 상상합니다.

선덕여왕을 연모하던 지귀가 환생했나요? 제단을 향해 화신이 된 양귀비꽃 하나가 피어있었군요. 배는 기척이 없습니다. 후크선장처럼 갈고리로 양귀비를 파헤치고 집으로 돌아왔습니다. 자라가 없는 틈을 타서 토낀 간 부은 제가 양귀비를 훔쳤습니다. 집 안의 조그만 마당에는 장미가 야수네 정원에서 잘 자라던 습관대로 탐스럽게 사철 핍니다. 장미가 사철 피는 것도 신기하지만, 아무 곳에서나

김병심 사진

자고 일어나 주어서 더욱 신기합니다.

양귀비는 하룻밤도, 단 하룻밤도 피어주지 않습니다. 장미는 백 일을 견디고 사람으로 환생했는데도 말이지요.

양귀비의 말라가는 도도한 목을 비틀었습니다.

오즈의 마법사에서부터 바람이 불어왔고 세간은 돌밭으로 회오리 바람을 타고 왕오천축국으로부터 버려졌습니다. 곰국을 몰래 먹고도 집 안에서는 지리국을

"마시써여."

라며 웃고 견디는 이 나라에서 저는 마녀이지만 흡혈의 인간으로 환생했는데도 잘 살고 있습니다.

양귀비처럼 자살한다고 고향으로 갈 수 없습니다. 그이는 '영웅본색'에 나오는 장국영처럼 달려오지 않을 겁니다. 제단을 바라보며 소원을 빌다 원귀가 된다 해도 당신과 반지를 끼던 무시간성의 별로 돌아갈 수 없습니다.

저 또한 소금인형이라 해도,

우리의 별 B612호 소행성의 장미로 돌아갈 수 없습니다.

영원은 자꾸 파기되고, 오즈의 바람이 불 때면 낯선 제가 당신에게서 길을 잃기는 마찬가지입니다.

양귀비 같은 여자들에게 매혹당하고 있을 때마다 저 또한 당신을 죽여 왔습니다.

파리넬리의 〈울게 하소서〉를 들으면서 당신이 거세되던 날, 당신이 떠나온 별과 당신이 야수의 천형을 안고 키우던 정원과 장미로 살았던 동화 속 유토피아는 사라졌습니다.

낯선 이 나라에서 길을 잃은 몽유로 정이 들어갑니다. 기마민족의 피도 희미해져서 지리한 지리국을 보약처럼 먹다 보면 물고기의 갈퀴를 가진 아이도 낳을 수 있을 것 같습니다.

2.

제게 돌아오는 길 또한
음악을 들으며 함께 보았던 유성우를 되짚어 오십시오.
외로운 당신은 언제나 돌아와도 좋습니다.
부디 노래를 찾아 떠났다고 하지 마십시오.
여기서도 함께 들을 수 있다면,
받아들일 준비가 되어있다면
저와 노래를 부릅시다.
초원의 바람에 피고 지는
구름의 순례자에게 받아 적어봅시다.
먼 곳으로만 먼 곳으로만 노래를 따라 가신 당신,
거세한 당신과 맞바꾼 금박문양 음표를 버리셨다면
이제 돌아오셔도 됩니다.
여행가가 되셨다 하신 당신

김병심 사진

3.

당신,

물기가 말라가는 사람들 속에서 힘들 때마다 당신을 떠올립니다.

당신을 흠뻑 그리워하는 새벽과 정오와 한밤을 달려 초원을 지나 바다까지 돌다 옵니다.

당신은 없지만 당신과 듣던 노래가 있어서, 당신과 바라본 바다가 있어서, 당신이 가르쳐준 크고 작은 마음 계산법으로 저는 다시 젖습니다.

산 벚꽃 날리고 유채꽃이 노랗게 빛납니다. 철쭉이 피고 탱자꽃이 피고 집니다. 봄이 피었다 지고 있습니다.

아, 오늘,

미리 온 더위로, 미리 온 안개로, 미리 온 바람으로, 라틴풍으로 당신이 보고 싶습니다. 열기가 오르는 사방이 지나가고 있습니다.

당신과 말을 타고 달리던 그날들이, 서녘하늘을 바라보던 당신을 왕자님이라고 부르던 B612호 소행성이 반지 안에 정지해 버렸습니다.

부끄럽지만 부끄럽지 않게 다시 약속하고 싶습니다.

당신을 향해 끝까지 울고 싶습니다.

산죽은자로 사는 저는 끝까지 당신께 미친 장미로 살고 싶습니다.

저를 처음 장미라고 불러주신 당신.

www.비바리풍 22

바람의 홀씨

– 강정이 4·3이다

1.

강정은 낡아가는 중입니다.

붉음도 지나치게 앓고 있어 선홍과 분홍쯤에서 버티고 있습니다. 바다의 블루는 삼발이와 크레인으로 주름진 암녹색 시멘트 가루에 기침하는 중입니다.

*강정에서 바라 본 풍경: 돌멩이 하나, 꽃 한 송이도 건드리지 마라. 해원상생굿. 심방이 깨뜨리는 소주병. 부활절을 앞둔 문정현 신부의 추락사고. 육지경찰. 바지선. 빨갱이몰이. 병력파견. 체포. 수중폭행. 농가피해규탄. 사이렌. 촛불. 진압. 공권력. 목청 높여 외치는 소리. 해군기지 결사반대. 삼발이. 허둥대는 기동대. 대형버스. 방패. 중덕. 붉은발말똥게. 해군의 놀부 심보. 평화. 뱃고동 소리. 어릴 적 차롱으로 건지던 파도소리. 구젱기. 간세둥이 이어도길. 믿어요 강정, 우리의 꿈은 두 번 다시 군화로 짓밟히지 않는다…….

지난 해 사월, 바라보던 강정이 야멸차게 낡아가는 중입니다.

강정의 돌멩이도, 강정의 꽃 한 송이도 짓밟히느라 기억에서, 아우성에서, 철조망에 걸린 채 사라지고 있습니다. 조각 혹은 갈래로 나부끼다 출석부의 빗금 친 어진이처럼…

2.

포구까지 길을 막고 선 진압대의 사이렌 때문에 버스에서 내리고 모두 도보 여행자가 돼버렸던 지난해 사월이었습니다. 지금은 아무도 막지 않고, 쳐다보지도 않는 길에 으아리와 꼬리뱅이풀, 꽝꽝나무처럼 백정나무가 버티고 있습니다.

이름표처럼 달고 다닌 노란 깃발들이 유니폼을 벗고 걷는 거리 풍경처럼 등이 굽어있습니다.

역사의 한 페이지처럼, 술상의 안주처럼, 연예인의 가십처럼, 사설의 삽화가 되어버린 강정 모습을 봅니다.

낡아가는 중에 남아있는 평화의 힘줄을 만져봅니다.

가늘고 긴 맥박이 뛰고 있습니다.

제 모습일 텐데요.

제가 가꾸던 얼굴일 텐데요.

강정효 사진

3.

토종 민들레가 많이 피었습니다. 홀씨를 여린 입바람으로 불어 봅니다. 퍼지는 사방으로 여린 순수의 입김이 날아갑니다. 순수가 날아가 밤 한 톨을 빼앗은 어른들의 마음을 정화시킬 수 있을까요. 다산 정약용의 〈목민심서〉를 지금 읽어도 씁쓸한 탓에, 민들레 홀씨 같은 아우성이 강정마을이란 생각에 속이 상합니다. 예나 지금이나 어린아이의 밤 한 톨을 뺏고 울리는 어른들이 밉습니다.

다산이 애민하는 수령은 많을 것이나, 이곳을 지켜낼 수령은 없는 듯합니다. 아직 늦지 않았다면 회녹색 풀들의 입모양을 봐주십시오. 아직 연두여야 할 저 풀들이 태생부터 시멘트를 마신 소리 없는 아우성을 들어주십시오. 내 바다에서 조업할 수 없는 어부들이 모두 범죄자가 되지 않게 들어 주십시오. 점방과 점방이, 식당과

식당이 네 편 내 편으로 나뉘어 살아야 하는 마을이 되지 않았으면 합니다.

책을 읽는 평화책방에서 반대파의 자식이 찬성파의 자식과 나뉘어 책을 읽고, 차를 마시는 풍경은 원하지 않습니다.

학교의 울타리 안에 시비(詩碑)가 아닌 비문(碑文)을 읽는 순례는 더 이상 없었으면 합니다.

제주의 4·3은 연장선상이 아니라는 걸,

강정에서 4·3이 계속되고 있는 게 아니라고,

시인 김경훈 씨가 연작시 〈강정이 4·3이다〉를 더 이상 쓰지 않아도 되게,

제발, 멈추게 해주십시오.

'왕의 남자' 에 나오는 광대 장생처럼 골계로 듣지 마십시오.

해학과 풍자가 많은 나라는 우둔합니다.

듣는 귀가 있으나 모르쇠가 많다는 뜻이니 슬픈 나라라는 말입니다.

이 나라에 살고 있는 제가 바람의 홀씨라도 되어 마지막 맥박을 잡고 싶어집니다.

지금 강정은 낡아가는 중입니다.

잊혀 낡아버리는 중입니다.

김병심 사진

4.

우는 여인

강정이 4·3이다, 2012년, 내 눈동자에 포착된 풍경* ∞×∞cm, 서귀포시 강정

누이야, 차라리 시집가버려라
호적을 갈퀴로 긁어가버려라
연분홍 꽃잎 흩날리던 서귀포 일강정,
서건도를 흑백 창살에 묻어두고 돌아보지 마라
썩어 문드러진 섬은 나 하나로 충분하다
샷된 곳으로 머리를 튼 까마귀 솟대의 동쪽
베갯머리송사로 벌인 광란의 4·3, 또다시 그날이 시작되는구나

어머니는 아직도 마농꽃으로 피어 계시는가
마늘밭에서도 물질하시던 어머니, 허리춤 납덩이에 주저앉힌
뇌선 중독 같은 충성의 충성
영정사진 속 아버지의 마임, 어루만지듯 흙을 일군다
평생을 숨죽여 숨비소리 뱉어놓는다

누이야, 나 혼자만 듣게 해다오
식구마저 도란도란 밥상에 앉을 수 없는 세상
아우는 충혈된 방파제로 나를 가로막아 서는데
고향 옴팡밭에서 두 번 죽는 아버지, 장남이 할 수 있는 일이란 게

강정은 평화! 강정은 자유! 라고
외치는 종주먹뿐

제발, 누이야
따뜻한 고향을 기억하며 살아다오
강정의 씨가 끊기지 않게 잠시만 멀리 떠나 있어다오
물 맑은 강정, 눈물 마른 강정이 웃거든,
바람에 살포시 봄처녀로 돌아와 다오
마늘밭에 엎디어 자울자울 졸고 있는 벙어리 마농꽃,
소라 고동 같은 빈집에 고운 눈시울로 별씨를 뿌려다오

*강정에서 바라 본 풍경: 돌멩이 하나, 꽃 한 송이도 건드리지 마라. 해원상생 굿. 심방이 깨뜨리는 소주병. 부활절을 앞둔 문정현 신부의 추락사고. 육지경찰. 바지선. 빨갱이몰이. 병력파견. 체포. 수중폭행. 농가피해규탄. 사이렌. 촛불. 진압. 공권력. 목청 높여 외치는 소리. 해군기지 결사반대. 삼발이. 허둥대는 기동대. 대형버스. 방패. 중덕. 붉은발말똥게. 해군의 놀부 심보. 평화. 뱃고동 소리. 어릴 적 차롱으로 건지던 따도소리. 구젱기. 간세둥이 이어도길. 믿어요 강정, 우리의 꿈은 두 번 다시 군화로 짓밟히지 않는다…….

WWW.비바리퐁 23

당신과의 키스를 세어보아요

1.

벌써 사월 중순인데 눈이 내린다고요?

사월이 한창 꽃무늬로 살랑거리는데도 전기요와 두꺼운 잠바를 벗지 못하는 저에게 농을 거시는 건가요? 해인사에 잠깐 들르신 지인께서 사진을 보여주십니다. 정말 하얀 눈을 맞고 계시더군요. 작년엔 가을에도 산벚꽃이 피었더랬습니다. 카오스일 거라는 당신, 식물에게 계절을 잃은 것은, 계절이 헛도는 것은 당신에게 앓고 있는 저의 마음과 무엇이 다를까요. 마음을 붙잡아 봐도 물기 없는 가지마다 피어버린 벚꽃처럼 이 세계도 앓고 있나 봅니다.

〈벚꽃엔딩〉을 들려주며 누구의 곡인지 아느냐고 물었습니다.

"큰 버스 두 대 ^^"

학생들이 알려준 것을 새침하게 대답한 거예요.

당신은

"벗으켜 벗으켜 *^^*"

라고 대답을 수정해주시는 거예요. 열심히 친구들의 농담을 기억해 두었다가 저에게 늘 웃음을 주시는 당신.

원시모음이 남아있는 제주 방언만의 매력입니다. 발음이 겹치거나 끝말을 모아서 생략된 새로운 언어를 만들어내는 데도 약속이 된 것처럼 통용됩니다.

"강 왕 골아줍서."

라고 발음해보세요. 무슨 말인지 도통….

당신의 문자는 온통 이런 식입니다. 제가 당신네 나라의 이중언어를 해독하는 시간입니다. 사전에서도 찾을 수 없습니다.

"가서 보고 온 다음에 말씀해주세요."

라고 이내 각주를 달아주십니다.

이런 바보, 제가 미술관에 그림을 보러 간다기에 남긴 인사였으니 나름 추론할 수도 있었을 것을….

당신께 저는 늘 바보입니다.

'아래아' 가 아직 남아있는 제주에서는 모든 발음이 몽골어 같기도 하고 낯선 외계어 같습니다. 18세기와 19세기 사이에 '아래아' 가 음운 'ㅏ' 와 'ㅡ' 등으로 바뀌어서 다른 지방은 남아 있지 않을 텐데도, 이곳에서는 〔^〕로 소리를 냅니다. 혀가 오그라들어 소리가 깊고, 자시(子時)에 열리는 하늘을 본떠 둥근 글자 모양을 만들었다고 합니다. 코페르니쿠스적인 발상의 전환을 주는 발음들로 이루어진 제주의 소리를 듣습니다. 가끔 빗소리도, 새소리도 '아래아' 로 발음되는 듯합니다.

김병심 사진

"호오올아방 조옷 새~~"

새벽 4시면 시끄럽게 깨우는 새소리를 당신은 제주어로 흉내 냅니다. 짓궂은 농처럼 들었는데 정말 그런 새 이름이 있다는 지인들의 말에 저는 꼴딱 넘어갔습니다. 아직 직접 보지는 못했지만 그 새는 저의 집 새벽 알람만큼 시끄럽게 울어댑니다. 당신이 보낸 건가요? 아니면 제 귀가 이미 상상의 새를 데려와 새끼를 낳고 키우는 걸까요? '홀아비 좇새' 라니요. 제주어로는 '홀아방 좇새' 라니요. 홀로 사는 독신 남자에게만 들린다는 새가 붕새처럼 상상력을 키워 줍니다. 혹시 홀로 사는 여자가 죽어서 새가 되었나요? 그래서 짝을 찾아 홀로 사는 남자에게 날아드는 건가요. 등글개첩이 필요한 홀아비에게 날아든 젊은 여자가 아닐는지요. 밤이면 어여쁜 젊은 여자가 되어 우렁 각시처럼 밥상을 차리고 등을 긁어주는 여자. 그러다가 새벽 4시가 되면 새로 변하는 자신을 잊을까 봐 '나를 잊지 말아요~나를 잊지 말아요~' 라고 우는 여자.

아, 저도 시끄럽게 좋알대며 당신에게 날아가 꽃밥을 차리고 모래성을 쌓는 소꿉놀이를 하고 싶어졌습니다. 홀아비 좆새가 부럽습니다. 새벽 4시부터 당신에게 갈 수 있어서요. 당신에게 제일 먼저 속삭일 수 있어서요. 당신이 눈뜨면서 인지하는 이름일 수 있어서요.

2.

우리가 차 안에서 듣던 노래가 흐릅니다. 〈여수 밤바다〉, 〈봄이 오면〉, 성시경의 〈내게 오는 길〉, 그리고 넬의 모든 목소리….

박정현의 〈바보〉를 한동안 당신을 위해 불렀습니다.

패닉의 노래도 함께 좋아했습니다.

가요의 가사들이 참 매력 있습니다. 우리의 마음을 더 섬세하게 고백해줍니다. 당신은 가고 고백만 남은 사월은 꽃 피고, 눈이 오고, 덥고 춥습니다.

이승기의 〈내 여자라니까〉를 부르던 당신. 우는 당신의 고백이 아직 유효하긴 할까요. 이젠 제가 당신께 불러달라고 간청합니다.

<봄비가 내리는 제주 시청 어느 모퉁이의 자취방에서> 제주소년이 다 된 당신이 우산을 들고 저를 마중 나오던 그날이 아리게 그립습니다.

좀 더 당신과의 키스에 열중할 걸 그랬습니다. 까끌거리는 수염도 참아볼 걸 그랬습니다. 풍덩 빠진 키스의 나날이 이젠 그립습니다. 어디서 그런 열정이 생겨났을까요. 우리는 헤아릴 수 없는 키스 속에 살았기 때문일까요. 이렇게 외로운 나날 속에서도 살아남을 수 있는 힘은요. 당신과의 키스가 면역력이 되어 홀로 사는 이 생을 지탱하게 하는 걸까요.

임태경의 <I could Fall in Love>, 진혜림의 <Love' s Concerto>, 여명의 <Try to Rememer>, Des' ree의 <Kissing you>, 사라브라이트만의 <All I ask of you>….

너무 많았던 우리의 배경 음악들이 고백합니다. 동 · 서양의 한결같은 고백, 들어도 들어도 줄지 않고 넘쳐나던 키스, 아직도 당신에게만 유효한 고백이 흐릅니다.

아직도 저는 당신과의 키스를 세고 있습니다.
아직도 저는 당신과의 키스를 기다리는 중입니다.
아직도 당신은 저에게 Ing입니다.
괜찮아요. 제가 더 많이 사랑할 테니….

WWW.비바리풍 24

불꽃

– 나의 전생이 불이었으나, 지금 나를 만들어낸 당신이 불이다

1.

인디언 스틱을 들고 듣는 것부터 배웠습니다.

몸 안에 7:3으로, 지구의 7:3, 우주의 7:3.

빛과 그림자, 추억과 망각처럼 나의 모든 것도 드러내고 주는 것 7 : 받고 간직하는 것 3, 그리워하기 7 : 털어내기 3. 모두 7:3으로 나는 당신의 삽화로 남아있습니다. 바람에 들려오는 당신의 목소리가 7할의 꽃으로 피어납니다.

몰입의 한때, 제 몸에 가시가 돋은 적 있습니다.
가시를 보고 나를 향한 당신을 잃을까 봐
제 가시를 열심히 잘라내던
새벽녘 핏물까지 보고 떠나야 했습니다.
가시는 아무나 찌르지 않는다는 걸
당신 떠나고 알았습니다.

몰입할 수 없어 더 이상 돋지 않는 가시

제 이름을 이제 잃을 차례입니다.

2.

이름 대신 h라 부르는 사내였습니다. 서쪽 남자에게 동쪽 여자가 이웃으로 살게 되었습니다. 장모님을 '가시어멍' 이라 부르는 이곳에서 사내는 가시어멍도 없이 저만 졸졸 붙어다닙니다. 풀잎에서

김병심 사진

김병심 사진

엄마 냄새 맡은 애벌레처럼. 엄마를 기억도 못하는 그에게 저는 엄마 품 같습니다. h라는 사내의 집은 창문도, 거울도, 시계도 없는 무간(無間)이었습니다.

h라는 사내의 집엔 컴퓨터가 한 대 있었습니다.

인터넷 하나면 세상 어디든, 누구와든 소통할 수 있다는 그 사내는 제사장 같습니다. 집안이 온통 쓰레기 더미입니다. 술병과 담배꽁초와 줍지 않는 동전과 곰팡이 핀 접시가 한 방에 모여 있었습니다.

h라는 사내의 휴일은 좀 달랐습니다.

정성스럽게 컴퓨터만 청소합니다. 걸레도 아닌 하얗게 잘 삶아 말린 행주와 면봉으로 키보드와 마우스, 분리된 본체까지 정성스럽게 닦아냅니다. 현세와 통하는 관(棺)을 닦아내는 것 같았습니다. 깔끔해진 제단 위에 놓인 컴퓨터 앞에 앉는 순간, 갑자기 h라는 사내는 집 밖으로 뛰쳐나갔습니다.

슈퍼마켓을 다녀온 줄 알았습니다. 먹을 거라곤 담배와 커피와 술밖에 없는 집이었으니까요. 들꽃이라도 꺾어온 줄 알았습니다. 저는 들꽃을 좋아하거든요. 새 한 마리 데려온 줄 알았습니다. 지저귀는 노래가 있으면 저는 항상 웃을 준비가 되어있으니까요.

그리 긴 시간도 아닌 시간 속에서 컴퓨터가 저를 노려보았습니다. 저도 노려보았습니다.

h라는 사내가 돌아왔습니다. 저를 잊은 듯 컴퓨터 앞에 앉았습니다. h라는 사내는 이내 컴퓨터 세상으로 들어가 버렸습니다. 초대받은 저는 이 상황이 화가 나기도 하고, 두렵기도 하여 조용히 나왔습니다. 너무 떨려서 동네 한 바퀴를 돌고 왔다는 h라는 사내, 그에게는 살아있는 제가 아니라 컴퓨터가 구축해 놓은 가상공간이 오르가즘이었습니다.

h라는 사내의 집에 창문과 거울과 시계를 달아주기 위해 다시 찾아갔습니다. 너무 오랫동안 h라는 사내는 진짜 사람과 얘기한 적이 없었으니까요. 진짜 창밖 세상을, 진짜 하루의 일몰을 본 적이 없었으니까요.

저를 만나기 전까지 그는 늑대인간이었으니까요.

반은 인간이고, 반은 짐승으로 도시와 컴퓨터에 존재하는 잡종괴물, 늑대인간으로 살아왔습니다. 어느 세계에도 속하지 않은 추방된 자의 삶을 살던 h라는 사내와 조금씩 조금씩 산책을 하고 있습니다. 새소리와 들꽃을 보여주고 있습니다. 화분의 꽃이 죽는 게 두려워 꽃을 키우지 않는다는 그에게 만남과 이별을 모두 드릴 겁니다. 시들어도 남는 향기와 고인 눈물에 스민 웃음소리도 듣게 할 겁니다. 나의 시간을 함께 써도 좋습니다. 차가운 h라는 사내의 가슴에 불꽃이 피어난다면요. 제가 당신에게서 피던 장미의 가시가 돋아났으면 좋겠습니다. 당신에게만 돋아나던 가시….

h라는 사내가 다시 누군가와 사랑할 수 있도록 저는 지금 h라는 사내에게 이름을 찾아주는 중입니다.

당신을 사랑해서 가슴에 'A' 라는 주홍글씨가 새겨진 적 있었으니까요.

A라는 여자를 당신이 구해줬으니까요. 당신 없는 무간지옥에서, 보이지 않는 당신 목소리가 저에겐 불씨라서 조금씩 조금씩 나눠주고 있는 중입니다

3.

저를 견디게 했던 당신이

지금 나를 견딜 수 없게 합니다.

지옥입니다.

당신과 헤어질 때마다 생이별하던 암흑, 끊긴 필름처럼 기억이 잘라졌습니다.

빛보다 빠른 기억.

아무 남자하고나 자고 싶어지는 새벽으로 내몰리던 지옥의 한 철.

낯선 곳에서 잠을 자지 못하는 제가.

낯선 품에서 잠을 잘 수 없는 제가.

퀭한 눈으로 떠돌던 생이별은 빛보다 빠르게 지워졌으면 합니다.

당신은 지금 불이 되어 안간힘 쓰며

저와 함께했던 공기를 살려내고 있습니다.

한 호흡의 불을 쬐면 붉어지는 두 눈동자 속에 당신 모습인 채로.

당신의 배 위에서

당신의 목을 조르고 싶은 적이 있었습니다.

우리가 함께 죽을 수 있다면 자웅동체가 되어 다시 태어난다면,

남녀추니처럼 한몸에 남녀 모두가 붙어버린

헤르마프로디토스와 살마키스처럼 되고 싶었습니다.

당신의 가슴을 절개해서 당신 안에 갇힌 저를 꺼내고 싶었습니다.

아무 곳에도 갈 수 없고

아무도 볼 수 없는

당신 없이는 아무것도 아닌.

WWW.비바리퐁 25

게리무어의 웅, 웅, 기타 줄*

아쿠아, 블루, 신비, 마녀, 사랑보다 사랑하는 모습을 사랑하는 여자, 검은 눈 속의 불꽃, 입 속의 전갈….

제 마음에 드는 건 왕지네란 애칭입니다.

당신은 참 많은 이름을 제 지네발에 달아 주셨지만, 거미줄의 이슬처럼 장식해 주셨지만, 모두를 껴안은 등 푸른 왕지네가 좋습니다. 당신과 한참 와인보다 위스키가 어울릴 것 같은 기타 줄에 웅웅거렸습니다. 걸어 다니는 워크맨이 팔리지 않는 요즘이지만, 그때의 워크맨에서 타고 흐르던 한쪽 귀들을 애착합니다. 술잔으로 기타의 코드를 대신 잡던 선배의 애드립에 저는 빠져버렸던 겁니다. 그런 저를 선배에게 빼앗길까 봐 당신은 저의 마음을 먼저 빼앗았습니다.

김병심 사진

지각변동이 일어났던 날의 극약은 '쎈놈'과 '독한년' 사이에 어울리는 게리무어의 〈Still got the blues〉였습니다. 맥줏집 주인인 선배는 불독이라 불렸지만, 그때의 우리 또한 슬픈 헤비메탈과 울부짖는 블루스를 껴안고 폭발하고 싶던 광기를 앓고 있었거든요. 청회색의 자화상을 무기로 들고 팽팽하던 삶에 균열이 생긴 사각지대에 놓인 상태였습니다. 대신 울어주는 게리무어의 기타 줄만 '웅~웅~그래, 그래'.

너희의 심경고백쯤은 익히 별것 아니라는 듯, 앞질러간 처절한 기타 줄이었습니다.

파란색들이 겹쳐서 우울한 것일까요?

보이지 않지만 불멸의 사랑을 위해 아일랜드 태생의 게리무어가 독하게 후벼팠습니다.

12세기 잉글랜드의 침입 아래 700여 년 동안 단 한 번도 자신들의 나라를 가져보지 못한 아일랜드인의 블루, 수백 년 동안의 독립운동들이 모두 수포로 돌아가 버린 블루스, 영국은 항상 아일랜드인들이 무엇을 하건 알고 있었고, 그들이 일을 하기도 전에 미리 방해공작으로 기를 꺾어버렸기에 Blue. 어제의 동지가 오늘은 각자의 정치적 견해 차로 분단이 되었던, 우리 나라와 너무 비슷한 상처적 체질이었습니다.

켈트신화와 현무암으로 이루어진 앤트림고원, 편서풍과 난류의 영향으로 온난한 기후까지, 이곳 제주도와 무척 반가운 공통요소입니다.

우리는 서로에게 흡수될까 봐 같은 블루가 아니라고 우기며 논쟁을 하였습니다. 결국 같은 블루는 금방 하나가 되어버리고, 숨어버리고, 침잠해버리면서도 보이지 않는 사랑이 늘 이겨왔습니다. 독하고 센 것은 하룻밤이 지나면 아무렇지 않습니다.

블루의 매력입니다. 레드의 불꽃은 자칫 사라지게 하지만, 블루는 스며서 고입니다. 블루의 매력입니다. 비가 오는 우기가 시작될 것 같습니다. 파란색 속옷부터 액세서리까지 죄다 블루에 저당잡히기 시작했습니다.

제주에선 사월과 오월 사이에 고사리 장마가 생겨납니다. 고사리를 캐는 축제가 열릴 만큼 제주에선 고사리가 인기나물입니다. 봄 들판의 꽃가루 알레르기가 있는 저는 오히려 습하고 매캐한 맥주바에서 게리무어의 기타 줄에 매달려 있는 우기입니다. 치명적인 Jazz는 간간이 듣습니다. 뇌가 파열될 것 같은 치사량의 음악은 제 몸의 우울을 견디는 방부제 같습니다.

독하게 살아남는 마녀 따윈 상대도 안 되시는지, 당신의 목 언저리의 지네 발자국은 덧나지 않으셨는지. 당신, 아직 기침하지 않고 계시는군요.

이곳의 계절은 봄, 여름, 가을, 겨울 그리고 우기입니다. 당신의 Blue가 양생하고 있는 깊고 푸른 우기에 저는 다시 걸려들었습니다.

이제 곧 당신이 울 차례입니다.

* 악선재에 감사합니다.

WWW.비바리퐁 26

소녀

1.

빨간 신호등입니다.

건너기엔 너무 긴 건널목입니다. 앞서 뛰어가는 한 뼘 큰 여자애를 따라갈 수 없었습니다. 아직 학교에 지각할 시간은 아닙니다. 그래서 신호등에 좀 더 다가섰습니다. 어른들의 출근길과 중학교 정문 앞은 서로 머리부터 박고 있는 차들로 틈이 보이지 않습니다.

아직 중학교가 뭔지 모를 나이입니다. 빨간 신호등을 스포트라이트처럼 생각하기로 했습니다. 입모양만으로 노래를 모아봅니다. 노래에 날개가 돋기 시작하자 고개를 좌우로 흔들며 몸이 노래에 젖습니다. 이내 손끝이 허공의 관객들을 향해 뻗다 오그라들며 마음을 사로잡습니다. 저 여린 소녀가, 아직 초등학교 2학년쯤에 머문 소녀가, 함께 빨간 신호에 갇힌 차 안의 관객들에게 소리 없는 노래를 전하고 있습니다. 저 소녀가 다니는 초등학교 인근에 중학생 아들을 내려주고 차 안에서 노래를 틀었습니다. 순전히 소녀를 따라

김병심 사진

입모양 코러스를 해보는 겁니다. 소녀의 노래를 끝까지 따라 부르지 못하고 저희 줄 관객이 퇴장했습니다. 소녀는 단지 지루한 빨간 신호등을 기다리는 법을 가르쳐준 것 뿐인데, 저희 줄 관객은 끝내 다 보지 못한 공연을 아쉬워하며, 소녀에게 감사하며, 소녀가 그렇게 세상의 지옥을 건너기를 바라며, 조용히 파란 신호등을 따라 무사히 건너갔습니다.

오늘, 저 소녀가 진흙 속에서 인고한 꽃봉오리 같습니다. 꽃의 노래를 따라 건너간 관객들은 밀린 고지서와 바닥난 은행 잔고와 노사 분쟁에서 한 발짝 물러서는 여유를 가질 겁니다.

저희 줄의 관객은 소녀의 입모양이 배후일 겁니다.

2.

종이 위에 그린 건반으로 치는 노래를 듣습니다. 손가락보다 넓은 하얀 건반과 띄어쓰기가 없는 검은 건반을 치는 손가락이 부러질까 봐 제 입을 다물지 못합니다. 마치 음을 놓친 곳처럼 노래가 끊겼다가 다시 이어집니다. 위층의 피아노 학원보다 저의 글 쓰는 아이들이 치는 피아노 건반을 사랑합니다.

노래부터 음계까지 아름다운 소리가 바로 아이들의 입 속에서 터져 나오니까요.

노래 따로 음 따로였던 피아노 연주보다 종이 피아노로 받아쓰기하는 노래가 좋습니다.

기린처럼 목을 빼고 기다리던 동요제에 나가고 싶어집니다.

검은 건반이 다 붙어버려도 노래는 훌륭할 테니까요.

친구와 함께 부르던 젓가락행진도 완벽한 화음일 테니까요.

미안해할 필요가 없습니다.

입모양 따라 동그란 친구는 이내 웃음으로 다시 부르기를 하니까요.

피아노의 숲에는 되돌리기가 가능하거든요.

우리도 소녀와 소년의 마음처럼 동요를 불러볼까요?

당신, 미안해할 필요 없습니다.

당신이 바빠서 무심하던 사월이 지나도 사과꽃 피는 계절에 놓여있습니다.

믿으며 손잡고 다시 부르는 노래는 사과가 필요 없으니까요.

사랑하니까, 미안하다고 하지 마십시오.

WWW.비바리풍 27

이소재에서 듣는 찔레꽃

김병심 사진

진피陳皮 같은 카메라 앵글이 보고 싶은 오월, 찔레꽃이 피었습니다. 탱자 같은 지인과 찔레꽃 같은 이소재 주인이 만나니 가시가 돋습니다. 도통 매끄러운 데가 없는 투박한 대화, 웃음, 자세까지 서민적 섯다판입니다. 배경 음악을 깔아달라는 주문에 장사익의 〈장돌뱅이〉를 선곡하는 주인장은 노래처럼 발바닥이 땅에 붙을 새 없이 바쁜 앵글입니다.

제가 고쳐 고른 선곡은 장사익의 〈찔레꽃〉입니다.

세 사람이 막걸리에 갓김치를 먹는 오월, 광령리의 이소재 마당

김병심 사진

앞 맥주보리마저 가시자랑입니다.

서로를 해하지 않고 거들어주는 이소재의 울타리를 보십시오. 탱자와 찔레와 장미가 그대로 해학과 풍자가 되어주는 대화는 막역합니다. 아름다운 넝쿨입니다. 아름다운 사람들은 잠깐만 모여들어도 작품이 됩니다. 다들 한 끗발 하는 구라와 취향은 오월의 밤에 어울립니다.

여간해서는 짬을 내기 힘든 서로가 신기하게 짜투리 밤 시간에 번개팅을 하고 있습니다.

은유의 나쁜 피가 섞인 오라비들과 그 여동생입니다.

진피 같은 카메라 앵글이 이소재의 10경을 찍어놓았습니다. 한라산을 중심으로 광령리의 나무와 풀을 찍어놓았습니다. 소나무에 걸린 진홍색 해가 양귀비처럼, 삼족오를 품은 태양족처럼 앵글에 사로잡혀와 있습니다. 딱 하면 걸리고 마는 이소재의 앵글에는 양배추꽃이 유채꽃이 되고, 유채꽃이 산불이 되는 도술이 숨어있습니다.

난로 속의 나무들도 한숨 쉬며 타닥타닥 시중을 들고 있는 오월의 밤, 모두가 가시를 달고 있어 빙하기는 기본으로 장착하고 사는 탓입니다. 화톳불, 화롯불, 도깨비불을 기본 옵션으로 깔고 썰을 푸는 까닭입니다.

멋모르고 이 세 사람 근처에 얼쩡거리다가는 찔릴 수 있습니다. 서로가 자기 자신에게 몰입하느라 쌩까기도 일쑤이니 약속에 충실하지도 마십시오. 너무 가까이 오지 마십시오. 이내 물이 들 것입니다. 자칫 이빨자국이 남을 수도 있습니다. 애가 타다 재가 될 수도 있습니다.

몰입이 지나친 자들의 가시는 밤에도 야광귀를 갖습니다.

앵글 속에서 웃는 당신처럼, 이소재에도 찔레꽃이 피었습니다.

WWW.비바리퐁 28

나쁜 은유

– 진리란, 은유와 환유와 의인화로 이루어진 기동부대이다.

은유는 진리를 왜곡하게 하는 것이 아니라 깨닫게 하는 것이다. 은유는 긴장이고, 충돌과 꼬임이다. 또한 의미론적 무례함(semantic impertinenence)에서 생겨났다. 은유는 다른 사물을 인식하는 방식에서 '이해' 이다. 은유는 수평적인 특질을 갖고 있어 대상과 대상 사이에서 발생한다.

은유는 유사성으로 두 사물을 결속하는 방식이다. 유사성이란 동일성의 틀 안에서 이질성을 배열하는 것을 말한다. 은유에서 중요한 것은 동일성보다 그 내부에서 분화되어 있는 이질성의 사유이다.

직유는 은유의 '빈약한 친척' 이며 전의 작용의 '앙상한 뼈대' 만을 제한된 유추나 비교의 형식으로 제시한다.

직유가 술어라면 은유는 명명작용에 속한다.

– 권혁웅 〈시론〉 중에서

"누나가 보호해줄게."

당신이 남기고 간 넬의 목소리에 대한 한 줄 평입니다.

그놈의 목소리가 섬세하고 침착하게 잘 닦인 송곳으로 심장을 찌릅니다.

피를 빼내고 있습니다. 천천히, 그윽하게.

미나리의 뿌리를 물항아리에 담가놓았습니다. 미나리 향과 비눗방울이 날리는 햇살 아래서 빨래가 마르는 풍경을 바라봅니다. 나른하지만 간세둥이의 휴일을 간혹 불안해했던 삶을 되돌아보면 속도를 늦출 수 있습니다. 일은 눈덩이처럼 불어나 쉬이 피곤을 불러옵니다.

제가 피곤해졌을까요.

은유의 명명처럼 넬의 노래를 들으면 일을 잠시 내려놓을 수 있습니다. 뒤돌아 저를 좇아오는 그림자를 기다릴 수 있습니다. 자꾸 보호해주고 싶은 노래에 빨려 들어가면 아무것도 할 수 없습니다. 적당히 그림자가 따라와 쉴 수 있으면 다시 일상으로 돌아갑니다. 세상과 잘 섞이지 못한 이질성이 제 안에도 있는 까닭입니다. 풍선에 매달려 하늘을 떠다니고 싶습니다. 고래 한 마리를 타고 풍선처럼 둥실둥실 구름 속으로 날아가면 좋겠습니다. 구름족 아이들이 저를 보호해줄 테니까요.

"너무 도시에서 말라가지 말라구."

구름이 저에게 말합니다. 심장에 피를 수혈할 때가 왔나 봅니다.

키스가 부족한 탓일까요.
넬의 목소리로 당신의 보호를 받고 싶어집니다.

김병심 사진

해장국집 앞을 지나갑니다

Kiss에 s 하나를 빼뜨린 나날입니다

충전이 필요합니다

키스가 필요한 흡혈의 전생처럼

결핍의 이생처럼

빈약한 뼈대의 후생처럼

나쁜 당신

어디 계신가요?

WWW.비바리풍 29

너의 목소리가 들려

미안해요….

당신을 외롭게 했습니다. 익숙해진 당신 앞에서 다른 이들과의 추억을 자랑스럽게 떠들었습니다. 그들과의 유쾌한 대화와 당신이 없는 그들과의 공간을 상상하게 만들었습니다. 당신을 즐겁게 하려다가, 당신보다 더 즐거운 만남이었다고 오해하도록 얘기하고 말았습니다. 저의 이야기들이 당신을 외로운 동굴 속으로 숨게 해버린 줄도 모르고 말 없는 당신을 미워했습니다. 남들 앞에서 꾀꼬리처럼 노래하던 제 모습을 상상하던 당신을 울린 겁니다.

열심히 저의 그림자가 되어준 당신에게 나를 보여주고 싶어서 그랬습니다. 더 이상 저의 그림자가 되어주지 말라고, 제 옆에서 당당하게 팔짱을 낀 사람으로 있어달라고 그랬습니다. 남들보다 더 즐거운 당신과의 연애에 매일매일 종알대고 싶어 그랬습니다. 변명이라도 하고 싶지만, 당신은 저의 목소리를 거절합니다. 당신 앞에서만 재잘대고 으스대던 저를 알면서도 당신은 싸늘합니다.

당신은 동굴 속으로 사라져 털북숭이 원시인처럼 웅크리고 있

김병심 사진

습니다. 당신은 좋아하는 음악과 책 속으로 들어가 버렸습니다. 벽화 속 문양으로 들어가 버렸습니다.

갑자기 저는 수도꼭지가 고장이 난 것처럼 눈물이 고입니다. 시도 때도 없이 주르르 흐릅니다. 후회가 한꺼번에 몰려와 집을 나온 미아 같습니다. 방향을 모르겠습니다.

당신이 가르쳐준 나무 이름도 생경합니다. 당신이 잠자코 듣다가 뒤돌아가던 뒷모습을 쫓아가는 꿈이 반복됩니다.

귀도 고장이 난 걸까요….

나무며, 돌이며, 새에게서도 당신의 목소리가 들려옵니다.

김병심 사진

거지같이 목소리를 구걸하며 핸드폰을 바라봅니다.

당신과 함께 갔던 곶자왈의 숨골에다 대고 당신 이름을 불러봅니다. 나무를 껴안고 당신 이름을 불러봅니다.

거지같이 이곳저곳에서 당신의 목소리를 돌려달라고 애원합니다. 햇빛은 '쨍쨍' 한데, 앞이 보이지 않습니다. 몸이 물먹은 스펀지처럼 무겁습니다.

수도꼭지 손잡이가 부러졌는지 눈물이 줄줄 새어나옵니다. 오월의 장미가 집을 잃은 저의 몸을 찌릅니다. 온몸에서 물이 새어나옵니다.

당신이 그렇게 외로워 울었을 줄이야.

당신이 아직도 고장 난 수도꼭지를 갖고 있을 줄이야.

늦지 않았으면 좋겠습니다.

당신, 내게 울어주셔서 고맙습니다.

당신, 제가 울 수 있어서 고맙습니다.

휘~이, 울 때도 먼저 비켜달라고 소리를 내야겠습니다. 당신은 신호도 없이 혼자 울고 계셨지만요. 그래서 집을 잃은 먹먹한 나무며, 돌이며, 새가 당신 목소리로 울지만요.

저는 저를 위해 울어준 당신께 잠시 비켜달라고 소리를 지를 겁니다.

시원하게 울고 나면 당신에게 울리지 말라고 투정도 부릴 겁니다.

왜 나를 외롭게 남겨 놓았느냐고요.

당신처럼, 아무 일 없다는 듯이 '안녕' 이라고 말하고

내내 목소리를 끊어놓지는 않겠습니다.

집 잃은 이 생의 시간이 당신과의 사랑을 재촉하니까요.

왈칵,

울리지 마라

아껴도 모자랄 판에

쓴 가시 함부로 치켜세우다니

언제 너는

와락 끌어안는 포옹이었는가

WWW.비바리풍 30

별것과 별것도 아닌, 전쟁 같은 사랑

1.

당신은 늘 선물로 저를 실망하게 했습니다.

귀걸이나 팔찌를 보세요. 제가 싫어하는 검고 투박한 커다란 알들이 자그마한 저의 체구에 허술하게 박힌 것을요. 저는 토끼풀 꽃으로 만든 화관이나 꽃반지를 더 좋아합니다.

조화로 만든 꽃을 선물로 주셔서 저를 실망하게 했습니다.

개업식 화환에 걸린 꽃을 뽑아온 것처럼, 공공 화장실의 방향제를 뿌린 장식으로나 알맞은 조화를요. 저는 산책길에 만난 찔레꽃이나 연꽃을 좋아합니다. 들꽃을 신문지에 아무렇게나 싸서 주는 것 같지만 실은 신경 쓴 리본 묶음을 좋아합니다.

값비싼 보석을 사서 애인에게 줘왔다는 작가와 마주한 적이 있습니다. 젠틀하지만 저는 어쩐지 그분의 애인이 되기가 싫었습니다. 사심의 칼이 아닌, 사랑의 향기를 원합니다. 보석의 대가는 클 테니까요.

2.

당신과 마주 앉아 차를 마시며 천연기념물의 서식지나 이동경로를 얘기하는 걸 좋아합니다. 생태계와 습지에서 저의 눈은 반짝이고, 염생식물처럼 붉어집니다. 말은 우리의 생각이 사는 집과 같아서, 당신이 사는 문패를 들여다보며 얘기할 때는 바쁜 스케줄을 몰래 빠져 나와도 걱정이 없습니다. 당신에겐 휴전선처럼 아직도 많은 자원이 남아있는 까닭에, 당신 몰래 서너 군데, 심지어는 열 군데의 행사 스케줄로 전쟁 같은 주말이라는 제 현실을 감춥니다. 겹치기 강연을 돌고 있어도 당신이 차를 마시자고 하면 마치 집에서 할 일 없이 빈둥빈둥 노는 백수를 구제해줘서 고맙다는 듯 달려갑니다.

제주도에서는 한 시간 이상 걸리거나 한라산을 기점으로 횡단해야하는 거리는 서울로 비행기를 타고 가는 일만큼 큰맘을 먹어야 합니다. 섬 안의 태생이 익숙해진 거리 감각이 이렇습니다. 한 시간 거리의 시골에 살아도 고등학교를 시내에 간다면 자취방을 얻어주는 게 보통입니다.

하지만 저는 왕복티켓을 무제한으로 끊어놓은 사람처럼, 행사와 행사의 스케줄 속에서도 짬을 내어 30분의 티타임을 위해 당신께 달려갑니다.

당신이 그런 저를 앞에 놓고 짜증을 내거나 다른 곳에서 화를 얻어와 제게 화풀이를 해대면 속이 상합니다. 아껴도 모자랄 시간을 쪼개어 왔는데, 티를 내고 싶지 않지만 저의 안색이 청색으로 변

김병심 사진

합니다. 기회비용이 생각나기도 하고 취소한 행사 몇 개의 본전 생각도 나서 툴툴거립니다.

제일 아껴 주었으면 하는 당신과의 티타임 행사가 언제나 일순위였던 제가 뿔이 났습니다.

3.

당신은 연락도 없다가 어느 날 불쑥 보고 싶다며 문자를 보내옵니다. 어느 날 불쑥 온다 하시면 미리 많은 양의 일들을 처리합니다. 당신은 전망 좋은 방과 잠자기 좋은 침대를 좋아합니다. 당신이 저와 연락을 끊고 있는 동안 이리저리 치이고 빈털터리가 되도록 당신을 함부로 버리고 있었습니다. 그런 당신이 불쑥 찾아오시면 저는 익숙하고 친절한 이곳의 모두와 잠시 결별합니다. 오로지 웅크려 자는 당신 옆에서 엄마처럼 머리를 쓰다듬거나 당신의 고른 숨소리를 들으며 며칠 동안 저를 붙잡고 놓아주지 않는 당신 품에서 잠을 잡니다.

오직 잠들기 위해 저를 찾아온 사람처럼 당신은 sleep만을 위해 저와 지냅니다. 가끔 한밤에 일어나 맥주를 마시거나 시를 읽어 줍니다.

단순하지만 정지된 쉼표 속에서 저는 오직 당신의 잠 속에 있습니다. 어떠한 스케줄도 어떠한 전화도 방해할 수 없는 저는 잠자는 숲 속의 공주처럼 당신이 차단한 가시넝쿨 속에서 달콤한 잠을 잡니다. 당신 덕분에 전망 좋은 방에서 잠자기 좋은 침대에 누워 바쁜 일상을 버릴 수 있습니다. 오로지 우리 둘의 잠을 위해 벌어둔 적금 하나를 통째로 씁니다. 우리의 휴식을 위해 기쁘게 쓸 수 있습니다. 그 누구도 저에게 당신처럼 긴 휴식을 전망 좋은 방의 좋은 침대에서 보내게 할 수는 없을 테니까요.

한 달 혹은 일주일, 짧게는 삼 일 만에 당신은 다시 여행 가방을 꾸리고, '안녕' 이라 말하며 손을 흔듭니다. 비행기와 함께 증발해버립니다.

그래도 행복해서 저는 당신의 침묵이 길어지는 일상을 버티지만요.

그래도 희망을 품고, 저는 당신의 보고 싶다는 문자 하나를 바라보며 사는 여자입니다.

그래서 유배를 왔다 돌아간 당신이 다시 찾아오실까 봐, 당신 닮은 아이 같은 시만 낳고 살고 있습니다.

거지가 다 되어서야 저를 찾아오시는 당신이지만, 당신 닮은 검은 아이들이 돌이 되고 섬이 된 이곳에서 미친년처럼 저는 아직 남아 있습니다.

다 잃고 나서야 돌아와 잠을 자도 좋습니다. 당신에게 떠나지 않는 엄마가 되어줄 테니까요.

다 잃어도 좋습니다. 천년이 지나도록 전망 좋은 방과 잠자기 좋은 침대 하나만은 당신을 위해 남겨두는, 아낌없이 주는 나무로 살고 있겠습니다.

WWW.비바리풍 31

당신은 당신을 잘 모른다

유배를 오신 당신,

안타깝지만 또다시 유배를 당하시는 겁니다.

탐라국 시절부터 유배객을 떠안고 살아야 하는 이곳 제주에는 크고 작은 범죄를 저질러 낙과한 육지의 이방인들이 모여들고 있습니다.

스스로 탱자의 가시울타리 속에서 위리안치하며 죄를 반성하는 좀 된(?) 양반님도 계시지만, 거지동냥으로 기운이 회복되면 이내 흙탕물을 만드는 파렴치한도 계십니다.

그래서 불가피하게 유배지에서 유배를 당하시는 겁니다. 당신은 자발적 유배라는 잘못된 오만으로 표현하시겠지만요. 신들의 섬인 이곳의 터줏대감들은 이미 당신에게 베풀던 인심과 관심과 가능성에 대한 투자를 저버리신 겁니다.

스스로 고독하다는 당신,

안타깝지만 고독이 아니라 두려움을 느끼시는 겁니다.

중앙과 분리된 섬이라고 미개하지도 무식하지도 않습니다. 돌

강정효 사진

섬이라고 척박하지도 무뚝뚝하지도 않습니다.

거지 없고, 대문 없고, 도둑도 없는 삼무의 섬을 보십시오.

고향에 갈 수 없을 만큼, 고향에서 반기지 않을 만큼, 고향에서도 땅 한 평 내주지 않을 만큼 믿음이 사라진 당신을 거두어들인 소도 같은 삼무의 섬을 되돌아보십시오.

여자와 바람과 돌만 많다고 흉보지 말고, 돈 많은 과부에게 기대어 기둥서방이 되지 말고, 자신이 돌팔매질을 해놓고서 발뺌하며 남 탓하지 말고 조용히 되돌아보십시오.

유배를 오시고도 입으로 망하시는 당신,

당신을 거두어 주시는 여신들이 뿔이 났습니다.

거지 젖동냥하며 키운 심청이를 보십시오. 볼품없는 아버지를 위해, 거지들을 위해 잔치를 베풀며 감사인사를 하지 않습니까?

당신이 이곳에서 위대한 유산을 훔쳐 작품을 탄생시키셨다면, 스스로 천재여서 그랬노라고 자랑하고 다니지 마십시오. 작품을 미끼로 술을 얻어먹고, 사기꾼처럼 혹세무민하며 작품이 진실인 것처럼 제주역사를 왜곡하지도 마십시오. 조용히 당신을 유령처럼 바라보는 제주의 신들에게 제발 입방정으로 미움을 사지 마십시오.

고스란히 거두어 갈 겁니다.

유배를 와서 또다시 유배를 당하고 계신 당신,

무간에 놓인 당신은 또다시 남들의 작품을 폄하하고, 또다시 다른 인물들의 업적을 비난하고 계십니다. 비평과 비난을 혼동하지 마십시오.

당신은 이미 이곳에서 감사함 대신 비난으로 섬사람들 사이에 이간질과 불신을 퍼뜨렸습니다. 당신이 온다면 모두 역정을 내며 피하고 있습니다. 문자도 끊고 있습니다. 핑계를 둘러댑니다.

당신 같은 전범들로 인해,

말년에 제주에 와서 살고 싶다는 로망을 가진 선량한 이방인들

에게 터줏대감들이 색안경을 끼고 밀어내게 하지 마십시오

당신이 터를 잘 닦아주셔야 그들에게도 삼무의 일기장을 내어 줄 수 있습니다.

설문대 할망과 가믄장, 백주또, 자청비까지 뿔이 났습니다. 여신들이 뿔을 다듬는 오월, 보리가 익어가고 있습니다.

당신이 계속 이 섬을 비난하고, 이 섬의 위대한 유산을 자신의 것처럼 세탁하시면서도 두려워하지 않으신다면, 당신의 보릿고개로 가는 보급로는 영영 차단될 것입니다.

돈이 많아서, 무지해서, 당신의 작품이 좋아서 당신을 거두어 온 것이 아닙니다.

당신의 천재성에 감탄한 것도 아닙니다. 애민愛民하는 이곳의 신들에게 조용히 오만을 거두십시오.

부모가, 고향이, 버린 당신을 굳이 품을 이유가 없는 게 세상의 이치입니다.

적어도 당신은 고아가 아니니까요.
적어도 당신의 지금은 청춘이니까요.
적어도 당신은 말귀를 알아듣는 자이니까요.
먼저, 감사하다고 말하는 법을 배우십시오.

여신들이 뿔을 다듬다 화로 번지면

강정효 사진

당신을 바닷가의 갯바위처럼 용암으로 흔적도 없이 검게 태워 버릴 겁니다.

마애명의 기록을 보시고, 행간의 두려움을 느껴보십시오.

서늘한 독기가 잠자리마다 좇아와 당신을 불면으로 이끌고 계신다면,

제발, 그 빙초산 같은 입 좀 닥쳐주십시오.

WWW.비바리퐁 32

당신을 이해하기 위한 자전거 탄 풍경

1.

어릴 적에는 몸이 약해서 자주 아팠습니다. 고열과 헛소리로 삼사일 내처 혼수상태가 되어 생사의 길 속에 놓였습니다. 하필, 봄 소풍과 운동회 날에 아파서 서럽게 이불 속에서 울었습니다. 밭일 가신 부모님과 학교에 간 형제들이 소리를 모두 거두어 가버렸습니다. 창호지와 커튼을 뚫고 빛이 들어와 간신히 저를 위로해주던 방을 기억합니다. 그래서 혼자 누운 한낮이 싫어서 아플 때마다 오히려 싸돌아다니던 저를 당신이 용케도 알아차려 찾아오십니다. 그때 그 빛처럼 제가 자는 삼사일 동안 곁에서 지켜주십니다.

문득 간절히 보고 싶어졌습니다. 아파지고 싶어졌습니다. 보리가 익어가는 냄새가 복분자 익는 유월과 겹치고 있으니, 찔레꽃 핀 들녘으로 소풍 갑시다. 훤칠한 당신과 맨발로 월정리의 고운 모래도 밟고 싶어졌습니다. 훌훌 벗고 냉수 같은 바다로 훤칠한 등과 함께 숨어볼 일입니다. 너무 투명한 월정리의 파랑은 달빛으로 비춥

김병심 사진

니다. 곁에서 지켜주는 것들은 온통 투명합니다. 밤새도록 빛나느라 투명합니다. 당신이었습니다.

2.

아버지는 아픈 저를 자전거에 태우고는 눈길을 헤쳐 갔습니다. 고향인 사계리에는 병원이 없었으니까요. 코발트색의 사계리 바다를 지나 모슬포 바람코지까지 가야 합니다. 눈이 많이 와서 버스를 타도 좋았을 텐데. 모슬포의 병원과 약국과 자장면 집까지 저를 데리고 다니느라 눈발이 거세지는 것도 참으셨습니다. 자전거는 묶어 두고 가셔도 좋았을 텐데, 저를 뒤에 태우고는 아버지께서 천천히 페달을 밟으셨습니다.

비가 오던 날의 라디오를 사 들고 갔던 일처럼 기뻤습니다. 아버지의 허리에, 등에 머리를 파묻고 눈을 맞아도 좋았습니다. 가족 중에 저를 가장 사랑해 주신다는 기쁨이 좋았습니다. 보리 수매한 돈으로 신형 라디오를 사서 팝송을 들어주시던 아버지는 어머

김경수 사진

니께 혼이 났습니다. 자전거는 눈길에 지쳐 빈털터리 아버지께 화를 냈습니다.

당신이 저를 위해 비를 맞고 오시던 날처럼, 눈 오는 날 떠나지 않고 저와 놀아주던 철없던 풍경마저 좋았습니다. 아버지처럼 말없이 빗속에서 음악을 듣게 해주셨네요. 아버지처럼 눈길 속에서 등을 내보이며 천천히 저를 태우고, 아픈 저를 기쁘게 해주시려고 빈털터리가 되어도 낭만을 선물하셨네요. 시를 쓰고 계셨네요. 그리고 저에게 오시려고 시인이 되어주셨네요.

3.

거인이 있다면 당신이 저에게는 훤칠한 거인이겠지요.

아버지 가시면서 자전거를 당신께 물려주신 걸 보면.

당신의 등 뒤에서 콧노래를 부르는 지금.

비가 오는가요?

눈이 내리던가요?

세상에 온통 당신이 뿌려놓은 시어들의 은빛 날개가 날아다녀요.

당신, 저에게 오시려고 세상을 모두 바꿔 버리셨네요.

이제 저는 거인의 어깨에 앉아 별을 낚을 거예요.

WWW.비바리풍 33

제5원소

고대인들은 모든 물질이 흙, 물, 공기, 불의 4원소로 이루어졌다고 생각했습니다. 저는 제5원소를 생각해냈습니다. 바로 자신입니다. 당신 자신이 곧 자원입니다.

그리스에서는 헤파이스토스, 동양에서는 이름은 전해지지 않지만 대장간의 신이 있었습니다. 왕은 뛰어난 대장장이가 다른 나라로 가는 것을 우려해 대장장이를 따로 섬에 가두거나 다리를 불구로 만드는 등 특별한 관리를 했답니다. 그렇겠네요. 대장장이는 항상 새로운 무기를 만들어야 하니까요. 대장장이는 상대방이 강한 칼을 만들면 강한 방패를 만들고, 상대방 무기의 약점을 알아 더 나은 무기를 만들었습니다.

농부들의 수확량을 늘리기 위한 농기구며 수레바퀴의 테두리, 문고리, 금속 장식품 등 생활에 편리한 도구를 만드는 손재주에 여기저기 쓰임이 많은 사람입니다. 현대로 치면 과학자일 테지요. 미

김병심 사진

사일, 잠수함, 전투기, 핵무기 같은 무기를 만들어 국가를 지켜야 합니다.

스마트폰, 컴퓨터, 가전제품처럼 여기저기 부익을 가져다줍니다. 전철, 비행기 등 교통수단도 알고 보면 기초 과학의 응용이니까 현대의 과학자는 고대의 대장장이처럼 없어서는 안 될 인물입니다.

고대 신화에 등장하는 대장장이는 금속을 다루는 솜씨만은 대단하지만, 대부분 얼굴이 못생기고 머리가 듬성듬성 빠졌으며 신체의 일부가 불구인 경우가 많습니다.

거기다가 성질은 종잡을 수 없이 괴팍합니다. 게르만족의 고대 신화에 나오는 대장장이는 대부분 난쟁이들이며, 얼굴이 못생기고 곱사등이거나 창백한 몰골이었습니다.

이들은 금속과 귀금속이 풍부한 곳에서 살며, 신들의 무기와 여신들의 장신구를 만들었습니다. 제가 좋아하는 〈반지의 제왕〉을 보면 난쟁이로부터 반지와 창이 주어져 전쟁이 시작되지요.

그리스 신화에 나오는 아름다운 사랑과 미의 신인 아프로디테의 남편인 헤파이스토스도 마찬가지였습니다. 그의 외모는 두꺼운 목에, 가슴엔 털이 많았고요, 뒤뚱거리는 걸음걸이와 얼굴 또한 지독히 못생긴 사내였습니다. 보석과 장신구를 만드는 재주는 인정하지만요.

헤파이스토스가 못생기고 불구였던 나름대로의 이유가 있었답니다. 바로 비소 중독입니다. 작업장이 컴컴한 동굴인데다가 천연광석에 미량 포함된 비소가 원인이었습니다. 때문에 금속 증기에 섞인 비소 화합물에 의해 신경마비, 지각이상, 탈모, 색소침착, 두꺼워지는 피부 등의 직업병이 생긴 겁니다. 이런 열악한 환경 속에서 머리가 빠지고, 코가 헐고, 신경마비가 오는 줄도 모르고 연금술의 재미에 빠져 열심히 만들었습니다.* (참고 자료: 〈물구나무 과학〉, 전용훈 지음.)

19세기 실학자 이규경의 저서에 보면 비상을 제조하는 방법이 소개됩니다. 천연비소가 함유된 비소원석을 가열해 증발시켜 비소증기를 철판에 증착시켰다가 이를 떼어내면 이것이 비상입니다. 이규경은 비상을 제조하는 일에 종사하는 사람은 2년 정도만 이 일에 종사하고 다른 곳으로 옮겨야 한다고 경고했습니다. 고대 신화의 대장장이들처럼 몰골이 변하고 어여쁜 부인이 바람이 나서 집안이 파탄나지 않기를 바라는 선견이었던 겁니다.

보석을 주렁주렁 달고 '하르모니아의 목걸이' 효과를 본 사모님은 이오카스테처럼 아들 같은 남자와 달아나고 싶어집니다.

머리털이 빠지고 알콜과 니코틴에 찌든 남자에게 보석과 연금술의 기술을 배운 여인은 젊고 미려한 남자들을 고용해서 자원의 저주(resource curse)에서 벗어나 새로운 경영에 도전하고 싶어집니다.

탐크루즈 같은 보증수표를 만나면 투자에 서슴없어집니다.

아직도 동굴 속에서 작품을 쓰고 고치고 만드시는 연금술의 당신,

우선 동굴 밖으로 대피하십시오. 2년마다 갱신하는 흙, 물, 공기, 불의 4원소를 들이마시고 당신의 옆에 있는 저를 한번 보세요.

보석 같은 재고 작품의 판로를 개척하시고 몸매관리, 표정관리, 저와 나들이도 부탁해요.

제5원소인 당신이 자원이라는 사실, 잊지 마세요.

지금 당신과 동굴 밖에서 차 한잔, 어때요?

www.비바리풍 34

사계리 바다는 비타민

1.

석가의 생일에 혼자 산을 오릅니다. 작년에는 관음사코스로 한라산 정상까지 올랐습니다. 올해는 보덕사 옆 샛길로 해서 고향의 앞산을 올라봅니다. 가파르고 낯선 길을 올라서 바라보는 사계리 바다는 아 · 름 · 답 · 습 · 니 · 다. 그리고 자 · 주 · 보 · 고 · 싶 · 습 · 니 · 다.

제 고향을 문득 지켜주고 싶어졌습니다. 너무 아름다워서요. 너무 고마워서요.

해군기지 결사반대를 외치며 지켜낸 사계리 바다가 아름답습니다. 청정바다와 마늘밭, 보리밭이 아름답습니다. 어머니가 계시고, 이모들이, 삼촌들이, 고향집이 아직 남아주셔서 고맙습니다.

큰물에 아직 샘물이 맑아서 고맙고, 새가 날아와 앉아주셔서 고

김병심 사진

맙고, 형제섬 주위에 짜디짠 해녀들의 눈물이 푸르러 고맙습니다. 석가의 생일날 모두 함께 등처럼 환하게 고향 어귀를 비춰주셔서 고맙습니다. 찾아갈 곳이 있어서 더불어 제가 아름다워졌습니다.

2.

아버지는 고향집의 텔레비전 옆에다 동전 통을 놓아두었습니다. 동전 통 안에는 백 원, 오백 원들로 채워졌습니다. 아마 담뱃값을 아꼈거나 지폐를 동전으로 바꿨을 겁니다. 이 동전으로 하루 종일 점방으로 달려가 오락을 할 수도 있고, 조립식 로봇을 사들고 돌아와 만들 수도 있습니다. 불량식품과 쭈쭈바를 먹을 수 있고, 달고나를 쪼그리고 앉아 물음표처럼 뜯어먹으며 별과 달을 만들 수도 있습니다. 아이들은 컴퓨터도 없고 만화채널도 없는 시골을 견딜 수 있습니다.

그러다가 심심하면 아버지의 탕탕기*를 타고 과수원에 가서 귤꽃 떨어지는 바닥을 헤집어 딸기와 참외도 따먹을 수 있습니다. 이른 수박을 만지는 것도 흥이 떨어지면 아버지의 오토바이 안장 앞에 타서 모슬포까지 달려갈 수 있습니다. 오일장에서 뻥튀기를 펑, 펑, 펑 불꽃놀이처럼 구경하고, 대장장이의 풀무질을 따라해 보다가 일성식당의 냉우동을 사먹으면 시골도 재미있어집니다.

아버지는 손자, 손녀가 보고 싶어 동전 통을 채우셨습니다. 앞이 안 보이는 한쪽 눈과 침침해져 낮에도 밤 같은 나머지 눈을 위하여 생간을 드시거나 약을 드셨습니다. 동전 통을 채우면서요.

김병심 사진

아버지가 낯선 시골에서 행운의 노란리본(Tie a yellow ribbon round the old oak tree)을 부르시며 탕탕기를 타고 달리던 길에는 추사의 분홍리본이 대신 달려있습니다. 이방인이었던 아버지가 제게 고향을 만들어 주시느라, 실은 손자 손녀들에게 사계리의 놀이터를 남겨주시느라, 다 털린 빈털터리로 돌아가셨네요. 동전 통에는 줄지 않는 백동전이 짤랑짤랑, 탕탕탕.

3.

어머니는 상동이 어디에서 익어 가는지 알고 계십니다. 감물을 곱게 들이는 방법도 알고 계셨고, 강아지 키우는 법, 상추 심는 법도 알고 계셨습니다. 오메기술과 빙떡도 만드셨고, 자리젓도 간이 잘 맞습니다.

김치 한 통, 경조사 부조로 가져오신 라면이며 슈퍼타이, 퐁퐁도 어머니의 고팡에는 언제나 있습니다.

아버지 먼저 다른 세상 가셔서 심심할 줄 알았는데 너무 바쁘십니다. 딸들에게 챙겨주시려고 고팡을 채우시느라 너무 바쁘셨습니다.

아버지의 동전 통 대신 어머니의 고팡이 채워지는 동안 어머니는 가족사진에게 말을 걸고 계셨습니다.

김치 한 통을 나눠 먹고 생기는 이웃과의 정으로, 상동술로 익어가는 지인들의 웃음으로 혼자될 때를 대비하라고 어머니의 지혜가 채워지고 계셨습니다.

4.

고향을 걸어보는 오늘 하루가 즐겁습니다.
아이들에게도 그대로 고향을 물려주고 싶습니다.
우선, 제가 잊지 않고 고향을 즐겨 찾아오겠습니다.
저를 찾아 사계리 바다에 오실 때는
바람이 찰싹 때려도 익은 귀를 열고 오십시오.
바다를 함께 감상할 눈을 씻고 오십시오.
사계리 둘레길에서 너무 탄성을 지르지 마십시오.
산방산에서 너무 간절히 기도하지 마십시오.
돌아가는 길을 잃을 게 뻔하니까요.

저의 가시에 매번 찔리고도 모르시다니,
그게 바로 사계리 바다가 아름다운 이유입니다.
장미는 ()닮았으니까요.
비타민 같은….

* 탕탕기: 제주도의 자갈길을 가기 좋게, 군용차량과 경운기를 개조해서 만든 농업용 차

WWW.비바리풍 35

그네 태우기

목수가 대공에 올라앉아 무명 끈을 도리에 한 번 감고 있습니다. 그리고 상량 1m쯤 허공에 던져 올린 무명이 그네 모양을 하고 있습니다. 수런거리는 빈집에 줄이 흔들립니다. 목수가 이제껏 지어올린 집에 덕담과 부귀까지 담아 제를 지냅니다. 업구렁이도 달콤한 상동나무를 뒤로 하고 찾아오셨습니다. 사이가 좋지 않은 조왕마님과 뒷간각시도 흥이 났는지 어깨를 들썩입니다. 성주영감이 문간대장을 시켜 상량 목의 쌀 한 줌과 실타래를 점검하고 있습니다. 장닭의 목을 쳐서 피를 사방에 뿌려야겠지만, 요즘 세상에는 팥 한 줌으로 대신합니다. 그것도 부족하다시면 붉은 토마토와 딸기라도 한 바구니 나눠 먹을 일입니다.

목수의 생일이라는 상량일에 생일축하 카드 대신 축문을 읽고 계십니다. 대구를 이루는 용龍자와 구龜자가 용과 거북이 되어 빌레(너럭바위)에 지은 이 집에 물길을 낼 겁니다. 물오른 붉은 흙이 서늘한 정신과 함께 화로 인한 불길을 막아줄 겁니다.

집 한 채를 지을 때마다 사람을 우선 생각하고, 사람의 마음을

김병심 사진

헤아리며 짓는 목수가 마지막까지 제를 지내주는 잔칫날이 경이롭습니다. 집의 골격이 완성되면 가장 어려운 고비는 넘겼다는 뜻에서 상량신을 모시고 계십니다.

집주인이 내오는 술과 고기를 먹으며 윷을 던지며 노는 목수들에게 저는 보이나 보이지 않는 요정처럼 집 안을 날아다닙니다. 붉은 옷을 입고 간 까닭도 모른 채 얼른 허름한 옷으로 갈아 입으라시는 집주인에게 웃어 보였습니다. 먼지와 그을린 고기냄새가 옷을 망칠까 봐 배려하시는 겁니다. 알면서도 차려입고 온 줄 아셨을까요? 붉은 기운을 주려던 제 마음을…. 대신 빨간 슬리퍼를 신었습니다.

'착하다, 예쁘다.' 쓰다듬는 인간과 신들의 발자국마다 붉은 꽃이 핍니다. 오후 느지막이 비가 때맞춰 내리고 있습니다. 시멘트가 잘 양생하라고 손 흔들며 돌아가시는 목수들과 신들이 비를 불러왔습니다.

집주인과 타향의 시골에 뿌리내리도록 도와준 지인이 기쁜 밤을 보내고 있습니다.

비오는 밤, 그들을 남겨두고 돌아오는 시골길이 하나도 무섭지 않습니다. 저를 보필하는 발 없는 말을 타고 살아 움직이는 어족語族의 가신들이 문집의 상량에 붙어있던 토씨 따라 밤길을 밝혀주니까요.

김병심 사진

'착하다, 예쁘다.'를 하루 종일 덕담으로 얻어 쓸 수 있어 집주인에게 고맙습니다. 축하해주러 갔다가 그 집의 기운을 얻어왔습니다. 제가 한 것은 그저 날아다니고 웃어준 일뿐이지만, 저와 함께 꽃들이 그 집 주위에 활짝 피었고, 새들은 알을 낳았을 뿐이지만, 축문 대신 시를 한 수 지어준 것뿐이지만, 목단이 붉어 제가 가는 발자국마다 쿳노래를 살짝 묻어두긴 했지만, 한 가정이 시골에서 뿌리내리기엔 적당할 듯합니다.

들꽃이 만개한 이 집에서 상동술이 익으면 까불까불 새처럼 업구렁이와 노래해야겠습니다. 인동술과 매실주도 익으면 뒷간각시와 조왕마님께도 한잔 드려야겠습니다. 시월 달빛을 조금 얻어와 정주목에도 달아야겠습니다. 이 집 식구들에게 삼신할미처럼 생명의 기운을 무람하게 심어줘야겠습니다. 새가 알을 낳고, 꽃이 열매를 낳고, 사람이 인정을 낳은 들꽃 가득한 시골에 이웃이 생긴 것을 축하드립니다.

제주의 중산간과 잃어버린 마을 가득, 교착어처럼 이웃이 생기는 것을 너도나도 환영합니다.

매실이 굵어지자 당단풍이 오월 비에 가지를 넓히는구나
본디 단풍은 사람 웃음소리에 자란다 했으니,
윷 노는 목수들의 웃음 한 뼘 받아라
그네 타는 가신들의 발자국 한 뼘 받아라

웃음소리 발소리 섞여 붉어져야
집이 깃든다 했으니,
상량 끝나고 고운 비마저 오는구나
명경한 집, 단단해지는 소리가 들려온다

마실 갔다 온 사람들아,
후덕한 터줏대감이 차린 술상에서
저물도록 함께 춤을 춰보자
들꽃 피는 한 생으로 살고 지고

WWW.비바리풍 36

마당을 나온 국숫집

빈속에 커피를 마시다 보니 국수가 먹고 싶어졌습니다. 당신과 함께 제원 사거리의 좁고 허름한 국숫집에서 뼈 없는 닭발이나 등갈비 몇 점을 멸치국수와 시켜먹던 그 장소로 훌쩍 떠나고 싶어졌습니다. 혼자서는 음식점을 들어가지 못하는 당신과 저는 여러 음식점을 좋아했습니다. 혼자 밥해먹는 게 지겨웠던 참이었거든요.

당신은 파지가 맛있는 갈비 집, 정갈한 밑반찬이 나오는 낙지볶음 집, 사람이 적은 칸막이식 민속주점, 국물이 뜨거운 육개장 집을 좋아했지만요. 저는 얼굴이 예쁜 주인이 있는 집, 음악 선곡이 좋은 집, 창밖 풍경이 좋은 집, 당신이 마중 나온 추억의 빵집, 당신이 떠먹여주던 김치찌개 집, 당신 등 너머 사람들이 우리처럼 소곤소곤대던 소문난 집을 좋아했습니다.

사실 당신과 먹다 남은 음식을 싸들고 와서 나름대로 재구성해서 먹던 것을 더 좋아했습니다. 이것이 당신과 함께했던 제주의 사생활이었으니까요.

김병심 사진

당신이 당신의 생모를 찾아 남도에 허름한 국숫집을 차리기 전까지만 해도 저에게는 당신이 있어 배부르게 여러 음식을 탐닉했었지요. 지금은 당신이 당신의 어머니와 국수를 삶고, 한 달에 한 번 지나가는 미친년과 거지들에게 뽕글랑한 밥상을 차려주신다는 얘기만 탐닉하고 있지요.

저도 미쳤잖아요. 당신이란 거지가 들어앉은 미친년이니까요. 당신이 사라졌으니 배고파 우는 미아가 되었으니까요.

찾 · 아 · 가 · 도 · 되 · 겠 · 지 · 요.

저를 찾아오셨던 집 잃은 미친 당신처럼, 이제 눈먼 제가 물어물어 찾아가는 남도에는 예쁜 주인이 분위기 좋은 콧노래를 깔고 국수를 삶고 계실 겁니다. 석양이 그대로 붉게 물들이고 있는 바다가 마당이 되는 좁은 서한두기의 바닷가마을처럼 그곳도 개 두 마리가 겨우 사랑을 나눌 수 있는 개비릿길처럼 좁고 허름한 길이겠지요. 쌍욕 지그시 누르며 커피를 타던 제가, 다리도 좀 떨고 껌도 씹었던 제가 붉은 루즈를 묻혀도 괜찮겠지요?

혹시 어머니가 괜찮다고 하시면 며칠 홀 서비스라도 해보고 싶습니다. 커피잔 대신 국수그릇을 들어도 괜찮겠지요.

물어물어 흘러들어도 괜찮겠지요.

세 사람이 국수를 삶는 석양의 풍경화는 저물면서 피어나는 마을에 걸린 명화가 되어버리겠지요. 가짜 그림이 가장 많은 작가의 최고의 명화로 걸려 있지 않을까요. 가장 인기 좋은 명소에 걸린, 〈마당을 나온 국숫집〉.

WWW.비바리퐁 37

다락방 몬스터

어린 친구가 함께 읽던 책을 덮고 학원차를 타러 나가버렸습니다. 내일이면 다시 만날 테지만 읽다 만 책 내용은 내일까지 기다리지 못하겠습니다. 책장을 넘기다 보니 가슴이 뜨거워졌습니다. 다른 책을 꺼내어 줄지어 읽고 있는 이 시간, 내일은 어김없이 오겠지만 가슴이 다시 뜨거워질지는 모를 일입니다. 그래서 지금, 이 시간이 저에게는 황금 같고, 백금 같습니다.

〈소공녀〉를 읽었고 〈빨강머리 앤〉을 읽으며 다락방에 웅크린 그때가 지금처럼 낯설지가 않습니다. 제가 당신을 읽던 지난 계절이 끝나고 다음 계절로 가는 경계에선 흔한 풍경입니다. 어린 친구가 학원과 학원 사이의 시간을 함께해주는 것처럼 저에게도 우기가 찾아오는 환절기를 책이 함께해줄 겁니다.

당신이 저와 읽다 만 시집과 몬스터의 사랑 이야기를 마저 읽고 있습니다. 박성우의 시집은 애들도 좋아하고 어른들도 좋아하는

김병심 사진

강정효 사진

전천후 시집이 많았군요. 〈봄똥침〉이란 동시를 암송하는 주중의 초등학생들 때문에 햇살이 웃고, 〈난 빨강〉이라는 청소년 시집에 주말의 달궈진 중고생들이 짐승같이 시끄럽습니다. 〈자두나무 정류장〉을 읽고 있는 한밤의 야광귀신들이 울고 있습니다. 솔찬히 따습고 둥근 시집입니다. 박성우의 시집과 권혁웅 시인이 풀어쓴 〈몬스터 멜랑콜리아〉를 번갈아 읽다 보니 몬스터들의 슬픈 사랑 이야기

김병심 사진

가 저를 위로합니다. 저 혼자 외롭다는 게 부끄러워집니다. 세상은 모두 실이 아니라 다발로 움직이는 감정 같으니까요. 저의 여러 모습이 멜랑콜리한 괴물 같아졌습니다. 진열장의 못난이 인형, 뭉꾼, 깡패, 식인종, 피오나, 밤에 피는 장미, 쎈년, 독한년, 왕지네 발톱, 구미호…. 도대체 뭡니까, 저를 감춰둔 다락방의 변천사는.

요정, 낭만 고양이, 숲속의 공주… 라고 불리고 싶습니다.

저의 동력이 당신이 주시는 사랑이라면, 당신께 보여지는 제 모습 또한 순정한 몬스터의 판타지가 아닐까요. 제 안의 괴물들이 참고 참다가 길들여지지 않은 채 당신의 밤으로 스며들기도 할 테지요. 그래서 잠 못 이루는 밤마다 밝은 그림자의 이야기를 듣고 계신 겁니다. 가슴이 뜨거워 쓰지 않고는 잠들지 못하는 당신.

첨두노*의 소영비술**을 연마하신 당신은 몬스터의 슬픈 사랑 이야기를 천공의 성 라퓨타에 태우고 훨훨 강림하셨습니다. 우기가 끝나면 당신을 읽는 하늘처럼 저의 사계절도 전천후로 맑겠습니다.

*첨두노: 머리가 뾰족한 하인, 다름 아닌 당신의 펜촉
**소영비술: 천지의 풍운조화를 일으키는 피리 부는 비술, 다름 아닌 당신이 쓰는 시

WWW.비바리퐁 38

사랑하기 때문에

바이러스에 감염되어서 격리 중입니다. 삽시간에 퍼뜨리는 원흉이 아닌 세례자이고 싶은 제가, 휴먼 링크인 제가 누워있습니다. 삼사일 동안 물만 먹고 있습니다.

처음엔 감기처럼 열이 난 것뿐인데, 자꾸 눈물이 난 것뿐인데, 온몸을 쓸 수가 없습니다. 누워만 지내는 저에게 '사랑' 은 덧나고 덧나는 바이러스입니다.

이 나이에 잘 안 걸리는 바이러스는 치명적이라서 모든 걸 잃을 수 있습니다.

일없이 찾아와 별말 없이 들어앉은 당신,

서슴없이 순정한 제 마음을 잃게 하십니다.

노련해질 때까지 당신을 기다리는 제가 먼저 죽지 않게 신이 저를 세상과 격리시켜주십니다. 삽시간에 세상은 당신의 모습으로 괴롭힐 테니까요. 모두가 저를 금세 눈치 채고 수런거릴 테니까요.

김병심 사진

저를 빼앗기지 않으려고 당신을 찾아내고 말 테니까요. 당신이 저 때문에 세상과 격리되는 건 싫습니다.

감쪽같이 제 눈 깊이 숨겨둘 것입니다.

노련해질 때까지 저는 잠시 별일 없이 누워 있습니다. 일없이 당신, 그렇게 앉아있다 가십시오. 조용하고 차분한 친구가 다녀가는 듯, 유월의 보리 익는 돌담 사이를 유유히 걸어오시는 당신.

그런 당신을 순정한 제 마음이 서슴없이 붙들지 않게 노련해지고 있겠습니다. 보이지 않게 지금도 꼼짝없이 야위어 가는 중입니다. 눈썹달처럼 위태롭고 불안한 제 심장이 복구되면 그때 안아주십시오.

꼭, 이겨낸 저를 안아주셔야 합니다.

눈물이 바닥난 제 마음을 잊지 말고 안아주셔야 해요.

당신이 퍼뜨린 바이러스니까요.

머릿속에서 비가 그칠 때까지 별말 없이, 일없이

그리고 서슴없이 와락, 꼭.

WWW.비바리퐁 39

친구이자 연인인 당신

마흔이 넘으면 조급해집니다. 친구 따로 연인 따로 에너지를 쏟을 여유가 없습니다. 한 사람에게 연인과 친구 모두의 역할을 해 줍니다. 물론 상대에게 기대하는 것입니다. 추락하는 낙하산을 탄 병사가 버튼을 찾으려고 허공에서 안전복을 누르고 누르던 가슴을 쓸어 담는 나이가 조급해졌습니다.

시간은 점점 빨라지는데 잠은 늘었고 몸무게는 더 이상 줄지 않습니다. 당신이 귀찮고, 친구도 다 싫어지기 전에 추락하는 자존감을 끌어올려야겠습니다.

봄이면 초록인 당신과 부지런히 '뚝딱뚝딱' 만들고 피워냅니다. 손발을 쉬지 않고 부리시는 당신은 '거인' 같습니다. 초록의 속셈은 '꾸럭꾸럭' 낳고 돋아나서 자라게 하는 거니까요.

동쪽의 쌈닭들은 몸에 열이 많은 탓을 손과 발에 돌리려는지 몸을 한시도 게으르게 놔두지 않습니다. 아마 남들이 기지개를 켜기 전에 지구본을 열두 바퀴나 돌렸을 겁니다. 옆집의 기척과 앞집의 밥솥연기에 촉각도 세워봤을 테지요. 저에게 문자를 몇 번이나 쓰고 지우며 핸드폰을 만지셨나요? 마당에 잡초가 자랄 틈도 주지 않고 당신은 연인이자 친구인 저와 얘기가 하고 싶어지는 시간을 견디셨나요?

새벽의 새들이 이미 시끄럽게 동쪽에 사시는 당신의 기지개 속에서 날아와 소문을 내고 있었습니다. 불평 같기도 하고, 질투 같기도 하지만 웃으며 귀만 쫑긋했습니다.

말빛을 잘 쓰는 당신은 움찔움찔 '시간' 을 앞질러 오셨습니다.

김병심 사진

추운 '유령' 의 기만 속에서 무기력하고 암울하다고 느끼며 우울증에 빠진 저를 구하러 오십니다. 당신의 말씀씀이가 자기 비난에 빠진 저를 견고한 자부심으로 다시 살아나게 너그러이 일으켜 세웁니다. 시간이 변화를 이끈 동쪽의 쌈닭인 당신의 속셈은 거인처럼 든든한 후광이었던 겁니다.

즐거움에 빠져 아름다움의 본질을 잃은 저에게 초록의 싸움이 '바득바득' 우기며 살려냅니다. 얼음? 땡! 입니다.

'올망졸망' 한 깨달음이 곰살맞게 익어가는 농촌에서 손발은 독풀에 흉이 지고, 흙 속에서 버무려진 연두 열매의 술 같습니다. '따따부따' 말이 없는 당신이지만 저를 위해 싸워주신 당신을 농부들의 땀방울로 알게 되었습니다. 참시간의 휴식 같은 당신이 실은 제게만은 가시를 빼고 온 장미라는 것을요.

초록의 실체는 몇 개를 넘지 않는 숙맥이지만, 진실한 생명의 파동이란 사실을요.

초록의 진가는, 맨 처음 '첫' 이라는 당신과 마지막에도 돌아갈 곳이라는 '집' 이라는 당신이 준첩이라는 사실을 알게 되었다는 것을 종일 감춰야겠습니다. 당신이 친구 같고 연인 같은 나와 똑같은 속셈이란 사실 또한 두근반 세근반입니다.

WWW.비바리퐁 40

롱디커플

1.

잠깐 만나고 싶더라도 양치를 하고 거울을 꺼내봅니다.

하루 종일 바쁘더라도 제가 있으면 화장실, 싱크대, 마당까지 신경 쓰고 있습니다.

몇 번이나 세수를 했고, 옷을 고쳐 입었는지 알 수 있습니다. 명품이 아니어도 값비싼 커피숍이 아니어도 그의 부지런하고 섬세한 배려로 인해 제가 귀해집니다. 사실 그는 저를 만나면 좋지만, 저를 만나기 전에 미리 해야 할 일들이 넘쳐나서 제대로 먹지도 쉬지도 못합니다. 24시간을 쪼개어 쓰는 그지만, 그의 집에 가보면 저의 집보다 더 깨끗하고 식탁은 정갈합니다. 잘 꾸며져 있다는 것은 손길과 정성이 들어간 것을 말합니다. 많은 사람이 들고 나도 집은 정돈이 잘 되어있습니다.

그런 그가 사람들 앞에서 방귀를 뀌거나 코를 후빕니다. 구영탄처럼, 유희왕처럼, 코난처럼 어리바리합니다. 맙소사, 짱구처럼

김병심 사진

예쁜 누나~ 하고 껴안거나 뽀뽀를 하는 흉내도 냅니다. 어려운 사람들에게는 남도일처럼, 홈즈처럼 예리한 통찰력으로 사물을 보는 방법을 가르쳐줍니다. 슈퍼맨처럼, 스파이더맨처럼 영웅이 되어 사건을 해결해줍니다. 둘이 있을 때는 서늘한 다정함으로 거리를 둡니다. 사실 사랑 앞에서는 숙맥이 틀림없습니다.

그런 그가 저를 아끼고 있다는 사실 하나로 기쁩니다. 화려한 수식어가 필요 없는 당시 같고 수묵화 같은 그가 등 뒤에 있습니다. 살피는 것 같지 않아도 저는 그의 주위를, 그의 매무새를 봅니다. 저를 얼마나 존중해주시는지, 남들과 섞여서 그의 집에 초대되는 날이 얼마나 기쁜 날인지, 그의 앞에서 제가 왜 '오! 나의 여신님' 처럼 피어나는지, 그가 물을 주고 가꾼 장미로 피어나는지, 사랑받고 있다는 아름다운 즐거움으로 기쁩니다.

2.

저 또한 그렇게 하고 싶습니다.
당신이 오면 하고 싶은 것들이 있습니다.

1. 당신 앞에서 절대 다른 사람을 멋지다고 얘기 안 하기
2. 당신을 만나서 얼마나 내가 예뻐졌는지 말해주기
3. 당신은 제일 소중한 저의 사람이라고 말해주기
4. 무엇이든 당신을 위해 노력하기

5. 당신의 견고한 자존감을 지켜주기
6. 당신의 이야기를 많이 들어주고, 당신의 작품을 들어주는 시간을 많이 갖기
7. 사랑과 애정의 스킨십을 무한 리필해주기
8. 잠자기 좋은 방, 전망 좋은 방에서 휴식 같은 수다 떨기
9. 깨끗하고 좋은 곳, 귀한 사람들만 만나게 해주기
10. 끝까지 웃어 주고, 끝까지 당신 편 들어주고, 당신만 믿어주기
11. 늘 변치 않고 기다려 주기
12. 함께 많이 놀고, 많이 춤추고, 많이 노래하다 뽕끌랑한 당신과 닮아져 버리기

당신이 보고 싶을 때마다 늘어가던 꿈의 목록을 보십시오.
함께 가고 싶었지만
당신 하나면 되지만
이곳은 제가 백이어야 해요.
당신은 저 하나면 되지만
저에게도 당신 하나뿐이지만
함께 있는 거예요, 우리는.

3.

신분증이 자유이용권이 되는 환상의 섬에는 물고기 이빨의 길이로 어종을 알아맞히는 고망낚시 전문가가 산답니다. 어초(바닷고기 아파트)를 그려놓고 비법을 전수하는 양어장 수준인 도사님에게는 사실 백수(100세)를 거듭 넘긴 어머니(설문대)가 계십니다. 물질을 하시고 용천수의 단물을 마시면서 장수하시는 처녀 같은 어머니는 아직도 순결하고 땀내 나는 이어도의 다차원적인 방언으로 판타지 언어를 전수하고 계십니다. 불편한 매혹으로 당신이 내리그은 칼금 속에서 나온 저의 노래를 고망 속에 깊이 묻으라 하십니다. 당신을 파지의 공물로 바치기 싫습니다. 낙원을 제공한 최초의 어머니가 침입자처럼 당신에게 파열의 바람으로 불어 닥치실 겁니다. 영등바람으로, 메두사의 머리로 당신에게 빼앗긴 저를 떼어놓으려고 도취적 마취로 이어도의 전설을 얘기하실 겁니다.

당신이 처녀 같은 어머니의 언어를 비루하고 불순한 것으로 규정하셨다면 이 별은 더 이상 미풍을 선물하지 않을 겁니다. 섬에서 함께 꾸던 꿈의 조각난 파편들을 보시고 두려움에 도피하신다면 저와는 악무한의 초라한 죽음 뒤에나 볼 낯선 얼굴이 되겠지요.

행상의 마이크를 붙잡고 이 별의 이야기를 약장수처럼 떠벌리신다면요, 처녀바람을 거느린 호색한처럼 모험담을 허풍선에 싣고 떠도신다면요. 저와 끊어진 고리의 비극을 보실 겁니다. 이 별의 이별을요.

단지 신실한 당신이 바쁜 것은 저와 떨어져 있는 시간을 견디기 위한 것이 맞지요? 대답을 기다리는 시간, 당신의 질문에 대답해야 하는 그녀는 제가 맞지요? 저인가요?

제가 당신이 질문하는 것도 모르고 다른 대답에만 초라해져서, 구멍이 나서 죽어가고 있나요? 사랑을 잃고 죽어가는 젊은이로 살아가는 저에게 돈, 명예, 권력은 질문의 대상이 아니잖아요. 영원히 늙지 않는 당신과 제가 탐닉하는 사랑에 밑장 빼는 열정을 견디기 위해 바쁘고 바빠야겠습니다. 당신의 제가 젊은 사랑에 지치지 말아야겠습니다. 어머니처럼 독하고 외로운 바람으로 살기 싫으니까요.

저를 훔쳐가주세요.

WWW.비바리퐁 41

생각날 때마다 울었다

비슷한 처지의 사람이 좋아졌습니다. 사람 경험이 많고 부지런한 그가 좋아졌습니다. 문자도 장난 같지만, 주고받는 게 좋아졌습니다. 막 부려먹고 귀찮게 이것저것 질문해도 좋고 타박해도 좋으니 주고받는 말이 좋아졌습니다. 제가 바쁠 걸 알면서도 제가 시간이 없을 걸 알면서도 제가 당신만 그리워하는 줄 알면서도 저에게 노력하는 그가 좋아졌습니다. 저는 자청비처럼 기다릴 수 없습니다. 얼레빗만 정표로 주고 떠난 문도령을 기다리며 늙기 싫습니다. 저에게 늘 대답이 없는 당신, 저에게 장난도 못 거는 당신은 늘 먼 곳만 바라보시고 계십니다.

그럴 때마다 저의 젊음으로, 저의 오만으로, 저의 계산법으로 사람들을 아프게 하지 않았는지 돌아보게 됩니다. 그리고 웃지만,

뿔이 나는 제 자존감을 더욱 돌아보게 됩니다. 당신은 그렇게 저를 빼앗기고 계십니다.

주고받고, 부딪치고, 노력하고, 즐거운 그가 사랑 앞에선 고수입니다.

제 입술에 묻은 당신을 닦아내고 있습니다.

묻다의 의문부호처럼 당신께 향하던 질문을 닦아내고 있습니다.

아득하게 마주치는 눈은 그렇게 먼먼 인연으로 잊혀 가고 있습니다.

다음 생엔 사람이면서 낯선 당신을 사랑하지 않게 해주십시오. 유령처럼 저를 보고 있으나 말이 없는 당신은 더 이상 불멸이 아닙니다. 당신은 당신 집 한 채를 닦고 있는 청소로봇처럼, 집을 떠날 줄 모르는 달팽이 같습니다.

수챗구멍으로 흘러가는 물그림자처럼 혼자 고독하게 늙어가는 당신에게 저의 빛이 희미해집니다. 저를 잊은 당신이 보내는 무음의 전언은 모래가 섞인 사막을 불러옵니다. 사막에서 여우가 아닌 뱀에게 물려 죽은 어린 왕자처럼 당신은 이 별이 아득합니다.

음악이 잠기고 당신이라는 첫, 이 잠깁니다.
이 별에서 이별은 검은 눈동자 속으로 보이지 않게, 잠깁니다.
별빛 하나 가슴에 묻어두면, 저물면서 바다가 빛납니다.
검은 하늘도 밝게 빛납니다.
당신이었던 그가 저기 오고 있습니다.
당신과 쓰던 동화는 여기까지입니다.
이 별에서 이별은 당신을 겹쳐 부르는 퇴적층과도 같아
쌈닭 같은 처녀는 오늘도 이 별에서 이별을 견딥니다.
더 이상 없는 생리혈처럼, 더 이상 없는 애인처럼

강정효 사진

돌아오지 않는 당신,
어린 왕자라 불렀던 당신은 이 별에서 더 이상 어린 사랑을 할 수 없으니까요.
어른이 된 당신,
애써 이 별로 돌아오지 마십시오.
이제 안녕하고 이 별의 책장을 덮으십시오.
이 별에서 잠자기 좋은 침대가 잠깁니다.
전망 좋은 방이 잠깁니다.
당신의 웃음과 온통 당신이 잠깁니다.
당신께 처음으로 불던 바람이 이어도에서 불어오면 이렇게 끝입니다.
WWW.비바리풍은 언제나 첫, 처음 부는 처녀바람입니다.
당신이었으니까요.

WWW.비바리풍 42

통풍

알람을 맞춰 놓은 걸 깜빡했습니다.

당신과 수다를 떨고, 술을 마시더라도 마법의 성에서 유리구두 한 짝이 벗겨지더라도, 집으로 돌아올 시간입니다.

동네 입살이 시끄럽기 전에 돌아오라고, 창밖에서 '홀아비 좆새' 가 시끄럽게, 시끄럽게 '나를 잊지 말아요, 나를 잊지 말아요' 잔소리를 해댑니다. 각자의 우렁 가신들이 보내는 신호입니다.

'돌아가세요, 돌아가세요.'

각자의 집으로 돌아가면 밤을 꼬박 새웠어도, 밤의 마법에 빠졌어도 초라해지지 않은 현실이 기다릴 테니까요.

울타리를 가진 이들의 신발이 본능적으로 집안 현관까지 길을 잃지 않게 도와줍니다. 바람이 잘 통하도록 제주 돌담으로 쌓았거나 큰 볼레낭 줄기로 울타리를 쳤을 겁니다. 혹시 겹으로 돌담의 높낮이를 두고 쌓았다 해도 사슴 한 마리가 훌쩍 넘을 만큼일 겁니다.

손질을 부지런히 하신 당신의 울타리와 저의 울타리는 늘 처음처럼 방수가 잘 됩니다.

밤새 그 자리에 슬픔이 다녀가고, 눈 뜬 장님이 쉬었다 갔어도, 이유를 묻지 않고 울타리는 언제나 그 자리를 떠나지 않고 둘러져 있습니다.

울타리가 있어 자유로운 바람이 될 수 있다고, 변명하고 계십니다. 나뭇잎을 흔들면서 털어놨습니다. 살짝 미안해지셨나요? 미안해하지 마십시오. 언제나 그 모습 그대로 젊어지는 바람을 울타리로 몰고 가시는 테우리, 당신.

알람이 울리기도 전에 저를 울타리 안으로 돌려보내 주셨습니다. 마법의 성을 지키는 문지기가요, 당신까지도요.

대신 다 저녁 눈먼 자들을 위해 등을 켜주셨습니다. 발을 헛디딜까 봐, 혹은 당신 아닌 누군가가 납치를 해선 안 될 일이니까요.

돌아오는 내내 아쉬움이 남아 철없는 사랑에 울컥했습니다.

돌아오는 내내 고마움에 '다행이다, 다행이다' 미련한 사랑을 속으로 밀어넣었습니다.

초원을 달리고 오름 사이를 빠져나와 한치배가 환한 마당 앞바다까지 꾸역꾸역 눈물을 말아 마시며 왔지만요.

울타리의 바람은 시원섭섭하게 불었습니다.

강정효 사진

남편과 둘째가 집에 없습니다. 첫째와 엄마가 각자의 빈방에 통조림처럼 담겨 있습니다. 캠프를 떠나기 전 둘째는 오늘의 운세를 점쳤더랬습니다. 일중독에빠진아빠는집에돌아오는길에괸당들의경조사에겨우가서밥을먹자마자하품을못견디고돌아와잠을잘거라고,휴일에도학원을갔다돌아오는형아는골목이무서워엄마에게카톡으로농담을따먹고아무도없는,시체처럼자고있는아빠를믿어의심하며온집안불을다켜놓고테레비소리컴퓨터소리피아노소리왕왕거릴것, 분명.

캠프를 떠난 둘째는 오늘의 운세가 빗나가서 함부로 점치는 구루의 자세는 하지 않을 것, 분명.

새벽 3시가 되어 잠이 깬 엄마는 알람을 끄고 아직 돌아오지 않은 남편의 이부자리를 볼 것이니까요.

얌전히 소등하고 자는 점등인의 별 속에서 김밥 속처럼 이불에 둘둘 말린 첫째를 펴줄 테니까요.

곧이어 3시와 4시 사이를 힘겹게 끌고 오는 신발소리로 남편이란 걸 아는 귀가 불을 끌 테니까요.

엄마는 울타리를 잘 손질해 놓은 장본인이니까요.

어린 남편과 어린 남자 둘을 아들로 둔 엄마가 오늘은 '홀아비좆새' 를 날려 보낸 당번이었나 봅니다.

발가락 수를 세어보고도 제 여자라는 걸 아는 남편이 그제야 아무렇게나 쓰러져 잠을 잡니다.

오늘은 마법의 성에 다녀가신 연애가 어쩌면 당신과 저의 가신들일지도 모를 일입니다. 입장 바꿔 생각해보라시며, 사실.

우리는 들켜도 모른 척하고 계신 가신들의 점괘 덕분에

우리는 사랑에 탕진하다 미치다 울다가도 멀쩡하게,

현실을 살고 있나 봅니다.

또다시 가신들에게서 기운을 얻어 쓰고 마법의 성을 찾을 테지요.

이놈의, 죽일 놈의, 사랑의 홀릭은 불지 않으면 끝장입니다.

돌아올 수 있어서,
불어도 제 울타리는 찾아오니까요.
바람은 사라지지 않습니다.
지키지 못할 바람과는 애초에 바람나지 않는 저니까요.
돌아가지 못하는 바람과는 또다시 바람 피지 않을 당신이니까요.
바람의 급수를 따지신다면,
괜찮아요.
비바리풍이니까요.
괜찮지요?

당신이 온다는 소식. 모래사막의 동굴집이 보고 싶다는 전언. 월요일부터 누워버린 여우처럼 대책 없습니다. 아침부터 잠이 들면 텃밭의 무성한 잡초는 어쩌지요. 잠든 저를 그냥 지나치지 마십시오. 보아뱀이 삼키기 전에 밤새 쓴 편지를 읽어버리십시오. 열매를 키울 시간입니다. 당신이 돌아오셔야 여름은 시작이니까요. 기다리다 지친 여름이 당신을 끌고 오는 바람소리로, 분명.

WWW.비바리퐁 43

골방의 가구

쇼핑에 흥미가 없는 저는 언니가 골라주는, 언니가 물려주는 물건들에게 저를 맞추며 사는 게 편했습니다. 침대, 의자, 가방, 신발, 옷… 두 언니의 취향대로 나름 개성 있는 물건들이 내게로 옵니다.

주면 일단 '감사히' 받고는 골방에 고이 모셔두지요. 사실 몇 번 길들이고 친해지려고 했지만 태생이 다른 물건들은 제각각 물 건너온 풍속과 물먹은 소리를 내느라 저와는 어설펐지요. 불협화음을 싫어하는 저는 침대와 의자에 맞게 몸을 붙여 보거나 언니가 물려준 커튼 중에서 비슷할 것 같은 것들로 짝을 지어 주곤 했습니다. 중매의 시작이 그런 것부터였다고, 어색한 저와 어울리지 않는 사람과 불편한 자리를 어떻게든 맞춰보려고 다른 사람을 부르는 게 그런 거였다고, 돌아보니 그런 거였습니다. 저에게 물려준, 보내준 사람들과 오래 만나고, 자주 안 부딪히려고 누군가와 짝을 맞춰주었던 지난날. 제게 지나친 애정과 과도한 애무와 과격한 소유를 원하지 않게, 저보다 애정과 스킨십과 키스로 충분히 어울려줄 사람들을 머릿속에 끼워 넣고 다녔습니다. 그들의 침대와 의자는 간혹

강정효 사진

골방과는 어울리지 않는 화려한 호텔식이라서 한번쯤은 엉덩이를 들썩이며 뛰어오르고 싶긴 했지만 저의 태생은 우울하고 그늘진 좁고 낡은 다락과도 같은 골방이라는 것을 상기시켜줄 뿐이었습니다.

골동품과 진귀한 장신구들로 가득 찬 골방에서 저는 탐험가처럼 드러누워 쳐다봅니다. 다리를 흔들거리며 의자를 툭툭 건드려보면 의자는 '쯧쯧쯧 넌 왜 그렇게 궁상이니?' 하며 실눈을 흘기며 배를 쓰다듬어주지만요. 그런 다음 의자는 자신의 나라 이야기나 은혜를 모르는 왕자와 인어의 세상살이 비하인드를 고자질하기도 한답니다. 궁정의 여인들의 몽정을 얘기하는 의자는 침대보다 더 맛깔나게 드립을 칩니다. '래알?' 침대가 의자를 받아치고 싶지만 침대는 침묵이 필수니까, 번번이 붉으락푸르락하다 삐걱이며 가슴만 칩니다.

골방 바닥에 누워서 우기가 시작되어 바쁜 곰팡이와 거리의 빗소리에 달라붙은 타이어소리, 맹꽁이소리, 신발소리를 크게 하고 음악은 낮게 틀어 듣고 있습니다.

스르르 잠이 들면, 침대와 의자는 아직도 꿈꾸기를 좋아하는 저를 위해 창가를 가려주고, 현실이 쳐들어오지 못하게 커튼에게 입조심을 시킵니다. 물론 귀밝이술을 먹여 지키게 하지요. 아, 저는 스르르 바닥에 스미어 나무의 숨골로 들어가 저만의 침대와 의자 이야기를 꼭 만들어내고 말 거라며 잠꼬대를 한답니다.

저의 그대에게, 저의 별에게, 이 멋진 지구의 골방 이야기를 들려주어야 할 텐데. 저의 그대는 아직 돌아오지 않고, 저의 별로 돌아갈 우주선은 고장이 났습니다. 자고 나면 저는 그대와 고향별이길, 골방의 마룻바닥이 그대로 우리의 방으로 데려다주길….

WWW.비바리풍 44

연두의 시제

시인의 시 '연두의 시제'를 필사해보며 시인을 해독하는 시간에 시인을 닮은 두 남자가 엮였습니다. 다 커버린 첫 번째 남자는 종이 위에 족적을 남기는 걸 하다 말고 삼천포로 빠진 삽질에 미쳐 양말도 신지 못하고 운전하느라, 제게 카톡을 하느라, 며칠 전 제가 준 보리빵을 버리지 못하고 오늘 아침에야 다 먹어서 아껴 먹는 곰팡이로 속이 뒤집어졌음에도 헤죽거리느라, 제 마음 헤아리지 못하고 떠나는 중입니다. 비행기 시간에 늦지 않으려고 무법자처럼 속도를 내는 '빛의 속도' 남자에게 '천천히'라고 말하는 저는 위로가 필요했습니다. '가기 전에 얼굴 한번을 볼 수 있는 시간은 남겨두고 일을 했어야지.'라고 말하고 싶었는데 현재시제에 은닉하는 말놀이만 카카오톡톡톡…. 아마 비행기 속에서 양말을 신다가, 혹시 삽질하고 싶어도 이곳까지 못 내려오는 뒹굴뒹굴 방구석 납작해진 가슴에서, 필시 울컥 명치 끝에 화살나무가 자라 뒤늦게 찌질이처럼 울면서 알게 될 뿐이지요. 바쁜 물살들에게 달빛은 호락호락하지 않으니까, 소처럼 되새김질되고 숙성되면 제게 몹시 미안해져서 구름의

김병심 사진

무게에 눌려 울고 말걸요. 헐,

두 번째 남자는 사춘기장마전선에 걸린 중학교 1학년, 시인을 닮아 물가슴증이 일 것 같은 깡마른 제 아들인데요. 학교에서 실시간으로 전화가 울리고 있습니다. 양호선생님인 친구가 처세술을 발휘한 학교 일처리 와중에 아들녀석을 변호하랴, 아들녀석을 훈계하랴, 아들녀석의 엄마를 안심시키랴 등등의 목소리로 학교 담장 안에서 벌어진 사건을 알려왔습니다. 담배를 피우는 장면 묘사가 너무 리얼하고 탁월하여, 카카오톡톡톡으로 말놀이하던 배틀의 상대녀석이 그 부분만 캡처를 해서, 카스에 유포를 했다는 사건이 그렇다지요. 물론 저자는 제 아들, 유포한 자는 아들과 싸우고 있는 절친절친(절할 만큼 친하다가 절교한 친구), 학교에다 고자질한 충성심과다복용자는 카스써핑을 즐겨 하던 졸업생, 심의 위원들은 학생과장님과 담임 그리고 "침 뱉어라." 담배 피웠나 검사하는 양호선생님인 제 절친절친(절할 만큼 친하고 절대적 근친). 찌질이 제 아들이 진상고백과 눈물을 흘리면 불쌍해 보이는 마른 가슴 덕에 음료수와 용돈을 받는 어리둥절한 사건이 그렇다지요. 아, 물론 담배를 피지 않는 제 아들이지만, 친구 놈을 이기고 싶은 마음에 '나 다리 좀 떨고 침 뱉는 놈이야.' 를 '나 담배 피우는 놈이야.' 로 각색해서 쓴 글이지만, 관찰력과 문장력을 인정받은 사건이 그렇답니다. 모두를 놀라게 했고, 조사까지 받고, 침을 뱉어서 검사까지 받았으니, 명문장은 틀림이 없는 듯하군요. 수학이 어렵고, 영어가 재미없는 학교가 갑갑해서 글로 풀었으나, 결국, 말놀이에 딸린, 비열하게 문서조작을 하여 유포한, 싸움의 상대자가 교무실에서 반성문을 지루하게, 장마가 끝날 때까지, 혹은 3학년 때까지 교무실에 찍혀서 회자될 운명에 놓였습니다. 영웅이 바뀌는 건 시간문제입니다. 문장을 쓰게 만들고, 문장을 발굴하고, 문장을 내다 팔았는데…. 절친절친이 그렇습니다. 절친은 아무나 하는 게 아닌 겁니다.

두 남자, 아니 시인까지, 실은 저까지 DNA가 공통이라, 고통스럽습니다. 피할 수 없는 연두의 시제입니다. 현재진행형이나 미래지향적인 모험가들의 배짱, 연두는 짙어지기 전의 사춘기이자 가능성 60%의 완벽성을 전제로 하니까요. 완벽한 100%라고 남들은 부러워할지언정 목마른 40% 때문에 몸과 영혼이 바람처럼 떠있어 몸을 살찌우고 간세둥이처럼 놀 수 없습니다. 삼일 뒹굴고 나서 더 뒹굴라고 한다면 병이 나고 말 것입니다. 바람의 기록들은 언제나 출동! 발바닥에도 예열된 엔진을 달고 있는 자들입니다.

아, 우리는 또다시 미치도록 과거에서 도피하고, 현실과 멀어질수록 족적을 하얀 종이 위에 남기고 다시 돌아와야만 하는 몽상가 돈키호테의 혈통입니다.

"급하게 흐르는 물에는 달빛이 머무르지 않는다."
라고 현기영 소설가가 우리의 발목을 잡았지만
"다만 달빛이 빛의 속도로 함께 흘러줄 따름이다."
라고 우리는 발목을 매만지며 신발에 날개를 묶고 있습니다.
"커서, 너 닮은 애 꼭 낳아라!"
어머니의 저주가 시작되는 시제가 되었습니다.
"하지만, 응원하고 믿어주고 함께 있어 주거라, 웃으면서."
라고 제 아들에게 말하고 있습니다. 저 또한 철없는 연두의 시제 속에서 아직도 살고 있으니, 지구의 평화는 걱정 말고, 신나게 좌충우돌하며 살아도 괜찮다, 그래그래.

이 세계가 우리를 힘들게 합니다.

너무 아껴둔 우리의 몸과 영혼에 곰팡이가 피고 있습니다.

우리가 꽃으로 피어날 때는 지구를 지키는 특수요원임무를 수행할 때인데

언제까지 기다리며 열망하며 허튼 곳에 애먼글먼 삽질이나 해야 하는 걸까요?

출동!

녹슨 열정의 엔진을 가동시켜라.

Moonlight, Sunlight, Starlight, Together.

"연두라는 말에는 모종의 가능성이 담겨 있다. 앞으로 더 짙어질 거라는 희망도 있고, 무럭무럭 자라나 누군가에게 그늘을 선사해주겠다는 당찬 의지도 있다. 무엇보다 연두는 철들지 않아서 좋다. 철이 들면 색은 짙어지고 무거워지고 참을 수 없이 끈적끈적해진다. 나는 아마 평생 철들지 못할 것 같다."

– <너랑 나랑 노랑> 오은의 색 그림책 중에서 –

WWW.비바리풍 45

당신에게 주고 싶은 것들

당신과 헤어져 침묵하던 시간이 이렇게 한없이 흐를 줄 알았다면 진작 고백할 걸 그랬어요.

'사실 저도 당신이 첫사랑입니다.'

당신과 헤어져서 저는 이곳 제주도에서 내내 멈춰있었어요. 스물다섯의 당신 얼굴만 가지고 무작정 기다리면서요.

스물 초반의 저와 지금의 제 모습이 별반 차이가 없다 하시는 당신께 고마워요. 비록 핸드폰 문자로 주고받는 사진과 문자이지만, 지금이라도 당신과 함께 할수 있어서 고마워요.

너무 늦지 않게, 너무 지치지 않게 저와 연락이 닿아서 다행이에요. 당신을 기다리며 1천년은 나무처럼 귀만 열고 살았지요. 1천년은 새처럼 울고만 있었어요. 마지막 1천년은 눈만 숨의 단락에 놓아 귀와 입을 지우고 눈꽃처럼 살았지만요.

너무 늦지 않게 나를 찾아줘서 고마워요.

강정효 사진

부서져 가루가 되기 전에 제 이름을 불러줘서 고마워요.

제주도는 마치 하나의 공화국 같은 섬이었어요. 마법의 나라 같기도 하고요. 당신이 언젠가 물어물어 저를 찾아오신다면 함께 제주의 돌담을 따라 실크로드를 여행하고 싶었어요.

저 혼자 차를 타고 달리던 길이 닳기 전에 오신다면, 함께 달려 보고 싶었어요.

우선, 푼크툼의 공항에서 당신은 스물다섯의 첫사랑 모습으로 착륙하겠죠. 제주 시내 용담동 해안도로에서 도두봉을 거쳐 이호바닷가의 한 쌍의 트로이 목마 등대까지 안내할게요. 중간중간 '악선재' 와 '선인장 호텔' 의 주인에게 들러 당신을 소개할 거예요. 저의 오랜 벗들이거든요.

당신과 중앙로 지하상가에도 가서 당신이 오면 받고 싶었던 플라스틱 액세서리를 사달라고 조를 거예요. 시청의 닭갈비 집과 노래방 그리고 어두컴컴한 맥주 집에서 올드 팝송도 듣겠지요. 그래요, 우리가 함께 갔던 그곳들이 아직도 멈춰있어요. 마치 우리를 기다린다는 듯, 응원과 함께.

둘째 날은 이시돌 목장의 초원을 달려 금악과 저지를 거쳐 저지오름을 올라가요. 쌍무지개와 보름달이 초저녁부터 반기던 그곳에서 고산자처럼 탐라국의 지도를 그려볼까요. 금능의 꿈차롱 마을 도서관에서 책도 한 권 읽고 협재 해수욕장의 갯바위에 앉아 얼음 빙수도 먹을까요. 훌쩍 배를 타고 비양도에 들어가 둘레둘레 보아뱀이 삼켜버린 모자 위를 올라 볼까요. 좀 더 밤배들이 생길 때까지 기다렸다가 밤하늘 잔별들이 아롱져 비출 때면 작은 노를 저어저어 은하수 건너볼까요. 당신이 따라 부르는 나직한 허밍과 휘파람마다 무섭지도 않은 별들이 내려앉겠지요.

다음날은 풍력 터빈을 따라 헤밍웨이의 〈노인과 바다〉나 〈모비딕〉 혹은 김석희 번역가의 버전으로 〈해저 2만리〉를 얘기하며 용수해안도로를 달려 고래 모양의 차귀도를 구경해요. 사계리 바다

강정효 사진

에선 잠시 내려서 지나쳐 온 모슬포와 알뜨르의 내력을 얘기해드리지요. 선사시대의 공룡발자국 화석과 〈걸리버 여행기〉에서 볼 수 있는 중국 난파선들의 모습도 운이 좋으면 볼 수 있을 거예요. 중문을 지나 강정책방, 기당미술관, 왈종 미술관 그리고 이중섭거리까지 달리고 나면 서귀포의 깊고 푸른 밤을 볼 수 있겠네요.

다음날은 비자림에서 동화를 들려드릴게요. 비자왕과 두 딸의 이야기, 으음.

우리가 3천 년 전에 덕수궁 돌담길에서 헤어졌으니, 이제 비자림 돌담길에서 다시 만나는 거예요. 노루가 우릴 쳐다보거나 딱따구리가 추임새를 넣을 수도 있으니 놀라지 말아요. 비자림을 나와서 사려니 숲길로 난 길을 따라 갈 수도 있지만, 평대해안도로부터 월정리 바닷가까지 달릴 거예요.

생각나요? 우리 대학 엠티를 월정리 바닷가에서 했던 거요.

다 잊었나요?

월정리의 하얀 모래가 달빛과 별빛을 닮아 소금 사막처럼 펴지던 밤, 당신과 제가 숙소에서 빠져나와 손잡고 한없이 한없이 노래를 부르며 걸었잖아요.

당신이 낯선 곳에서 중년이 되어가고, 정신없이 사회생활에 치이는 동안 저는 당신과 함께 갔던 곳을, 당신이 처음 저의 노래를 들어 주었던 곳을 찾아가곤 했지요. 혼자서, 혼잣말과 혼자 부르는 노래.

강정효 사진

다음날은 한라산
다음날은 마라도와 가파도
다음날은…

천일야화처럼 당신과 가고 싶은 곳, 당신께 들려줄 노래, 당신과 나누고 싶은 얘기가 이렇게 사막의 모래처럼

검은빛 바다의 밤배처럼
잠들어 있어요.

당신, 이제
잠들지 않는 나라
첫사랑 모습으로 돌아갈 수 있는
제주도로
돌아와요.
저의 첫, 이자
마지막 사랑, 당신이니까.

다시, 당신에게

김세홍(시인)

늦은 외출 끝에 돌아와 오래된 미닫이문을 엽니다. 불도 켜지 않고 바람벽에 기대앉습니다. 창가에서 담팔수가 어른거리는 실루엣이 보입니다. 오래도록 주인 없는 방을 들여다 본 듯하군요. 시각은 삼경하고도 한 식경은 더 지난 것 같습니다. 벽시계의 뚝각거리는 초침 소리에 정신은 오히려 말똥말똥합니다. 평상시 소주 두 병에 맥주 세 병이면 혀가 꼬였더랬지요. 오늘은 그런 취기가 저를 비껴가는군요.

어둠이 고인 방 안은 괴괴합니다. 가끔 도둑고양이처럼 들어와 제 방에서 벽에 기대앉아 시간을 감고 푸는 놀이를 하다가 잠듭니다. 지나간 옛일로 내 생각의 발걸음은 활개를 치지요. 늘 빠지지 않는 버릇 중의 하나입니다. 연도와 나이를 환산하여 현재의 나를 감지하는 게임인 거죠. 가령 할아버지는 헤밍웨이와 나이가 같은데 헤밍웨이가 자살로 생을 마감하던 그해에 할아버지는 위염을 지독하게 앓고 있었다. 할머니가 태어나던 해에는 아관파천이 일어났고 그때 증조부는 스물여덟이었고 혼인은 했으나 아직 아이는 없었다.

그 나이에 나는 결혼을 앞두고 불면을 앓고 있었다. 이런 식이에요.

그대가 아버지의 뒷안장에서 소금기 실은 바람을 맞으며 읍내로 나갈 때 즈음에 저는 막 이십대에 접어든 청년이었죠. 저희 부모님은 사십대 중반이었고요. 그 나이에 저는 무지하게 힘든 시기를 보냈고요. 늘 이런 식으로 가까운 사람의 나이와 시대, 정황을 곱씹어 보는 버릇은 오래된 습벽이지요. 어둠의 아귀 속에서 나를 연비하고 갔던 시간들을 풀어 놓았다가 다시 짜맞추는 일은 당신이 갖고 싶다던 야광귀와 짝이 되는 일일지 모르겠습니다. 아마 이소재에서 듣던 장사익의 어떤 음조가 그대에게 그런 생각을 갖게 했듯이 연고 없이 갑작스레 벌어지는 일은 아니지요.

어둠이 눈에 익어가자 초췌한 사내의 행장이 서서히 드러납니다. 동공이 확장된 눈에 내 온기와 체취가 묻어있던 옷가지와 책이 들어옵니다. 전등 스위치만 올리면 그것들은 재빨리 일상으로 돌아갈 테지요. 흔하지 않은 상황을 한번씩 가축하는 이유는 소화되지 못한 시간들을 되새김질하는 거예요.

인간이 노화를 겪기 시작하는 나이가 스물다섯이라고 했나요. 그대는 어린왕자 별에서 전망 좋은 방을 만들어 놓고 성장을 멈춰버린 장미의 나이를 스물다섯으로 한정해 놨지요. 푼크툼 공항에서 그대의 우묵하게 패인 눈동자에 담긴 생로병사를 달관한 우물물 같은 눈빛을 보았더랬지요. 아, 그것은 갈망하는 눈이 아니라 바닥을 드러내지 않으려 견디는 샘이기도 했어요.

셰익스피어가 그런 말을 했던가요. "사랑은 짧은 세월에 변하지 않고 운명이 다할 때까지 견디는 것"이라고 말입니다. 세상을 껴안고 사랑하는 일이란 종내 견뎌내는 절박한 일이기도 하지요. 내 살아가는 일생이 그대 우물물 같은 눈빛으로 잘 젖어들 수 있다면, 비로소 그대가 갖지 못한 99필이 인질이 되어버린 한 필의 무명을 자아올릴 수 있지 않을까요. 소용이 닿지 않던 99필의 무명이 한 필을 얻음으로써 날개를 달게 되었으니, 한 필 무명으로 당신은 되살아나는 설문대가 될 것입니다.

당연하게도 그 설문대는 일상에서 살아있는 여인일 것입니다. 한가위에 쓰러진 벼포기를 일으켜 세우는 식구들과 툇마루에서 전을 부치던 당신이 그렇고, 새벽 세시의 알람을 염두에 두는 신데렐라는 또 어떤가요. 게리무어의 하이코드를 건너다니는 엄지와 검지에 열광하는 튼튼한 심장도 그렇습니다. 종이건반 위에서 넌출거리던 생머리의 리듬 따라 입모양으로 부르는 노래들도 모자란 단 한 폭 무명을 길쌈하는 행위라고 여겨집니다. 자유로운 영혼을 가진 제5원소인 '나'란 질료를 가지고 말입니다.

우리가 시차를 두고 즐겨 마시던 연암골의 능수매화는 져버린 지

오래입니다. 그러나 아직도 그 시간은 언제고 되부르면 가슴속에서 실밥 터지듯 소리를 내고 있지요. 그 봄밤의 틉틉하게 밀려오던 안개와 묻혀버린 달빛을 믿을 수 있을 것 같습니다. 이제 익숙하게 토끼풀 반지도 잘 엮어낼 수 있을 듯하군요. 당신이 질투를 느끼던 겐조향도 언젠가는 사라지겠지요. 영원한 25세에서 성장을 멈춰버린 장미여, 부디 사라져버린 것들을 건져내는 일이 당신이 해야 할 책무란 것을 잊지 마세요. 남은 생에서 스스로의 신화를 만들어가는 옷 한 벌을 지으시기 바랍니다.

근처 절간에서 새벽 예불을 드리는 타종소리가 들려오는군요.

이부자리를 밀치고 일어나서 이제 불을 켜겠습니다.